近代政治史系列

国民政府史话

A Brief History of
the National Government in China

郑则民 / 著

社会科学文献出版社
SOCIAL SCIENCES ACADEMIC PRESS (CHINA)

图书在版编目（CIP）数据

国民政府史话/郑则民著.—北京：社会科学文献出
版社，2012.4
（中国史话）
ISBN 978 - 7 - 5097 - 3038 - 6

Ⅰ.①国…　Ⅱ.①郑…　Ⅲ.①国民政府 - 史料
Ⅳ.①K258.06

中国版本图书馆 CIP 数据核字（2011）第 271488 号

"十二五"国家重点出版规划项目

中国史话·近代政治史系列

国民政府史话

著　　者／郑则民

出 版 人／谢寿光
出 版 者／社会科学文献出版社
地　　址／北京市西城区北三环中路甲 29 号院 3 号楼华龙大厦
邮政编码／100029

责任部门／人文分社　（010）59367215
电子信箱／renwen@ ssap. cn
责任编辑／高传杰
责任校对／谢　华
责任印制／岳　阳
总 经 销／社会科学文献出版社发行部
　　　　　（010）59367081　59367089
读者服务／读者服务中心（010）59367028

印　　装／北京画中画印刷有限公司
开　　本／889mm×1194mm　1/32　印张／5.875
版　　次／2012 年 4 月第 1 版　　字数／115 千字
印　　次／2012 年 4 月第 1 次印刷
书　　号／ISBN 978 - 7 - 5097 - 3038 - 6
定　　价／15.00 元

总　序

　　中国是一个有着悠久文化历史的古老国度，从传说中的三皇五帝到中华人民共和国的建立，生活在这片土地上的人们从来都没有停止过探寻、创造的脚步。长沙马王堆出土的轻若烟雾、薄如蝉翼的素纱衣向世人昭示着古人在丝绸纺织、制作方面所达到的高度；敦煌莫高窟近五百个洞窟中的两千多尊彩塑雕像和大量的彩绘壁画又向世人显示了古人在雕塑和绘画方面所取得的成绩；还有青铜器、唐三彩、园林建筑、宫殿建筑，以及书法、诗歌、茶道、中医等物质与非物质文化遗产，它们无不向世人展示了中华五千年文化的灿烂与辉煌，展示了中国这一古老国度的魅力与绚烂。这是一份宝贵的遗产，值得我们每一位炎黄子孙珍视。

　　历史不会永远眷顾任何一个民族或一个国家，当世界进入近代之时，曾经一千多年雄踞世界发展高峰的古老中国，从巅峰跌落。1840 年鸦片战争的炮声打破了清帝国"天朝上国"的迷梦，从此中国沦为被列强宰割的羔羊。一个个不平等条约的签订，不仅使中国大量的白银外流，更使中国的领土一步步被列强侵占，国库亏空，民不聊生。东方古国曾经拥有的辉煌，也随着西方列强坚船利炮的轰击而烟消云散，中国一步步堕入了半殖民地的深渊。不甘屈服的中国人民也由此开始了救国救民、富国图强的抗争之路。从洋务运动到维新变法，从太平天国到辛亥革命，从五四运动到中国共产党领导的新民主主义革命，中国人民屡败屡战，终于认识到了"只有社会主义才能救中国，只有社会主义才能发展中国"这一道理。中国共产党领导中国人民推倒三座大山，建立了新中国，从此饱受屈辱与蹂躏的中国人民站起来了。古老的中国焕发出新的生机与活力，摆脱了任人宰割与欺侮的历史，屹立于世界民族之林。每一位中华儿女应当了解中华民族数千年的文明史，也应当牢记鸦片战争以来一百多年民族屈辱的历史。

当我们步入全球化大潮的 21 世纪，信息技术革命迅猛发展，地区之间的交流壁垒被互联网之类的新兴交流工具所打破，世界的多元性展示在世人面前。世界上任何一个区域都不可避免地存在着两种以上文化的交汇与碰撞，但不可否认的是，近些年来，随着市场经济的大潮，西方文化扑面而来，有些人唯西方为时尚，把民族的传统丢在一边。大批年轻人甚至比西方人还热衷于圣诞节、情人节与洋快餐，对我国各民族的重大节日以及中国历史的基本知识却茫然无知，这是中华民族实现复兴大业中的重大忧患。

中国之所以为中国，中华民族之所以历数千年而不分离，根基就在于五千年来一脉相传的中华文明。如果丢弃了千百年来一脉相承的文化，任凭外来文化随意浸染，很难设想13亿中国人到哪里去寻找民族向心力和凝聚力。在推进社会主义现代化、实现民族复兴的伟大事业中，大力弘扬优秀的中华民族文化和民族精神，弘扬中华文化的爱国主义传统和民族自尊意识，在建设中国特色社会主义的进程中，构建具有中国特色的文化价值体系，光大中华民族的优秀传统文化是一件任重而道远的事业。

当前，我国进入了经济体制深刻变革、社会结构深刻变动、利益格局深刻调整、思想观念深刻变化的新的历史时期。面对新的历史任务和来自各方的新挑战，全党和全国人民都需要学习和把握社会主义核心价值体系，进一步形成全社会共同的理想信念和道德规范，打牢全党全国各族人民团结奋斗的思想道德基础，形成全民族奋发向上的精神力量，这是我们建设社会主义和谐社会的思想保证。中国社会科学院作为国家社会科学研究的机构，有责任为此作出贡献。我们在编写出版《中华文明史话》与《百年中国史话》的基础上，组织院内外各研究领域的专家，融合近年来的最新研究，编辑出版大型历史知识系列丛书——《中国史话》，其目的就在于为广大人民群众尤其是青少年提供一套较为完整、准确地介绍中国历史和传统文化的普及类系列丛书，从而使生活在信息时代的人们尤其是青少年能够了解自己祖先的历史，在东西南北文化的交流中由知己到知彼，善于取人之长补己之短，在中国与世界各国愈来愈深的文化交融中，保持自己的本色与特色，将中华民族自强不息、厚德载物的精神永远发扬下去。

《中国史话》系列丛书首批计 200 种，每种 10 万字左右，主要从政治、经济、文化、军事、哲学、艺术、科技、饮食、服饰、交通、建筑等各个方面介绍了从古至今数千年来中华文明发展和变迁的历史。这些历史不仅展现了中华五千年文化的辉煌，展现了先民的智慧与创造精神，而且展现了中国人民的不屈与抗争精神。我们衷心地希望这套普及历史知识的丛书对广大人民群众进一步了解中华民族的优秀文化传统，增强民族自尊心和自豪感发挥应有的作用，鼓舞广大人民群众特别是新一代的劳动者和建设者在建设中国特色社会主义的道路上不断阔步前进，为我们祖国美好的未来贡献更大的力量。

陈奎元

2011 年 4 月

⊙郑则民

作者小传

郑则民，1936 年 9 月出生于广东潮阳棉城镇，中共党员，毕业于北京大学历史系。曾任中国社会科学院近代史所研究员、研究室主任等职。主要著作有：《中华百年屈辱史》、《蒋介石传稿》（合著）、《中华民国史》（第三编第二卷）；合作主编《中国大百科学全书·中华民国史分卷》、《中国近代不平等条约选编与介绍》、《中国全鉴（1900~1949）》等。

目 录

一 开府广州 出师北伐

孙中山为国民政府奠基

伟大的革命先行者孙中山（1866～1925），从 1917 年至 1925 年先后三次到广东建立政权，为中国的独立、民主和解放事业进行不屈不挠的斗争，作出了卓越的贡献。这是他在辛亥革命和反袁斗争失败后，为坚持和发展民主主义革命，创建民主共和国，打倒军阀，统一祖国，不断奋斗的光辉历程。这一时期，改组国民党和组织国民政府是他最为关注的重大问题。

在两次护法运动中，孙中山用武装斗争和建立政权的形式反对北洋军阀，具有革命和进步意义，但由于主要采取依靠一部分军阀反对另一部分军阀的做法，不能不由妥协而连遭失败。

在第二次护法失败后，孙中山回顾 30 年来为民国奋斗，中间出生入死，经过多次失败，而"失败之惨酷，未有甚于此役者"。在悲痛之余，他感到过去的道路是不能继续走下去了，但新的道路在哪里，又很茫然。孙中山陷入了苦闷绝望之中。这时他得到了共产国际和中国共产党人的真诚帮助。1922年8月，中国共产党派李大钊、林伯渠等多次访问孙中山，会谈两党合作事宜。孙中山决定接纳共产党员以个人身份加入国民党，进行国共合作。接着李大钊等共产党员陆续加入国民党。从1922年9月起，孙中山召开一系列有共产党人参加的重要会议，为改组国民党做准备。与此同时，孙中山加快了联俄的步伐。1923年1月在上海经过与苏俄特命全权代表越飞多次会谈，发表了《孙文越飞联合宣言》，双方认为"中国最要最急之问题，乃在民国的统一之成功，与完全国家的独立之获得"；这项大事业将得到俄国人民最真挚的同情和援助。《孙文越飞联合宣言》的发表标志着孙中山联俄政策的正式确立。

孙中山还大力组织军事力量，开展驱逐陈炯明出广州的斗争。他命令许崇智将进驻福建的北伐军改编为东路讨贼军，从闽南回师广东，直捣陈炯明的老巢；又积极联络和策动驻广西西江一带的滇、桂、粤军，组成西路讨贼军，从西江东下，攻占广东。1923年1月上旬，孙中山的号召得到各路军民的响应。1月16日，陈炯明军队被迫撤离广州，退往惠州等地。2月21日，孙中山抵广州，第三次在广东建立政权。

3月2日，陆海军大元帅大本营（简称大元帅府）在广州正式成立，作为军政执行机关，也即"为革命政府，为军事时期的政府"。孙中山任陆海军大元帅，谭延闿为内政部长，程潜为军政部长，廖仲恺为财政部长，邓泽如为建设部长，伍朝枢为外交部长，杨庶堪为秘书长，朱培德为参军长，胡汉民为总参议。

这个政权机构，是后来广东国民政府的前身，对中国历史发展具有重大的影响。帝国主义和军阀势力千方百计地企图扼杀它。军政府面临着财政、军事、外交等方面的极大困难。当时孙中山手里没有可靠的军队。滇、桂军首领杨希闵、刘震寰等怀着夺取地盘和金钱的目的，入广州后抢占富庶地区的战略要地，把持地方行政，截留钱粮税收。在孙中山坚持不懈的努力下，随着联俄、联共、扶助农工三大政策的逐步形成，贯彻、改组国民党的实施，以及革命军队的成长壮大，才使境况逐渐好转。

1924 年 1 月 4 日，大元帅府召开会议，决定成立中华建国政府，出师北伐，统一财政。不久，孙中山在中国国民党第一次代表大会上说，国民党改组有两件事：一是改组国民党，要把国民党组织成一个有力量的政党。二是用政党的力量去改造国家。他还认为，当时的大元帅府仍不是正式的政府组织，"故组织国民政府实为目前第一问题"。孙中山手拟《国民政府建国大纲》，提交大会，又在大会上作了《关于组织国民政府案之说明》。他提出两点建议："一立即将大元帅政府变为国民党政府，二先将建国大纲表决后，四出宣传，使人民了解其内容，结合团体，要求政府之实现。"大会通过了《组织国民政府之必要提案》，但因广东革命根据地尚未巩固，没有立即实施。1924 年 9 月，他写了《制定〈建国大纲〉宣言》，冠于《国民政府建国大纲》之首，一并发表。

《国民政府建国大纲》共 25 条。前四条说明革命的主义及其内容，规定国民政府本着三民主义、五权宪法，以建设中华民国；阐明民生、民权、民族主义之内容：民生即人民衣食住行四大需要，为"建设之首要"；民权为训导人民政治知识能力以行使选举、罢免、创制、复决四权；民族则指扶植国内弱小民族，使之能自决自治，对外反侵略，实现国家独立。其余各条为实行主义的具体方法和步骤，即建国程序军政、训政、宪政三期的划分及各期任务的规定。

孙中山的建国大纲以民权主义为政治基础，受民权主义指导。他晚年的民权主义思想有新的进步。在国民党"一大"宣言中指出，"若国民党之民权主义，则为一般平民所共有，非少数者所得而私也"。1924 年 11 月 10 日，在《北上宣言》中提出："本党深信国民自决，为国民之要道"；"国民之命运，在于国民之自决"。

1924 年冬，孙中山为促进全国早日统一，应冯玉祥等的邀请北上商谈国是，大元帅的职权交由总参议胡汉民代行。1925 年 3 月 12 日，孙中山在北京病逝，未能亲自继续实践他的民主建国思想。总之，孙中山不仅在思想上，而且在组织上，都为建立国民政府奠定了坚实的基础。

 国民革命的新局面

1924 年 1 月，中国国民党第一次全国代表大会召开，正式实现国共合作，促进了国民革命运动的兴起，开始了一个崭新的发展阶段。

在国共合作的条件下，大元帅府认真贯彻执行联俄、联共、扶助农工三大政策及重新解释的三民主义的革命精神和政纲，克服了前进道路上的许多困难，在各方面都有所发展，取得了重大的成就。

第一，国民党改组的实现，使革命有了坚强的领导核心。按照国民党"一大"的决议，结合当时的实际情况，以孙中山为首的陆海军大元帅府大本营仍为革命的军政执行机关，通称广东革命政府，成为"抗御反革命之中心"。孙中山很重视党对政权的领导作用，强调以苏俄为榜样，以党建国，牢固地掌握政权。在国民党"一大"选出的 41 名中央执行委员和候补委员中，中共党员有李大钊、谭平山、于树德、毛泽东、林伯渠、瞿秋白等 10 人，约占总数的 1/4。国民党全国代表大会闭幕后，中央执行委员会是全党的决策机关，也是广东革命政府的决策机关。为了加强对革命政府等机构的政治指导，1924 年 7 月 11 日成立国民党中央政治委员会，由孙中山任主席，指派胡汉民、汪精卫、廖仲恺、谭平山（不久由瞿秋白代替）、伍朝枢、邵元冲为委员，聘鲍罗廷为高等顾问。这个机构的初设阶段，是孙中山的政治咨询机关，对政府也有一定指导作用，后来又有一些演变。在国民党的改组过程中，淘汰了一些不良分子，吸收了大批新党员，多数是工农分子和青年学生。据 1925 年底统计，国内国民党党员有 20 万人；广东省约有党员 7 万余人，其中农民党员约占 80％；广州有党员 2 万余人，其中工人占 60％。经过改组的国民党，成为工人、农民、小资产阶级和民族资产阶级等的革命统一战线组织，成为国民革命的核心力量。

第二，创办黄埔军校，为革命军队培养基干力量。国民党"一大"期间，决定建立中国国民党陆军军官学校。1924 年 5 月 5 日，军校在广州市郊黄埔正式开学。这是贯彻三大政策的产物，国共合作的硕果。该校本部由孙中山任总理，蒋介石为校长，廖仲恺为党代表。孙中山指出，这所学校的根本任务是要"仿效俄国"的方法，"用这个学校的学生做根本，成立革命军"，"来挽救中国的危亡"。苏联为军校派来了由加伦将军等组成的顾问团，资助现金 2 万元为开办经费，并送来大批武器弹药。中国共产党选派周恩来、恽代英等到军校从事政治工作和军事工作。在第一期 500 名学员中，有 80 多名共产党员。军校设置党代表和政治部。遵照孙中山"新到之武器，当用以练一支决死之革命军"的指示，10 月开始建立黄埔军校教导团，随后扩展为由两个团组成的新型军队，成为"党军的基础"。这支革命军队在反对帝国主义及其走狗的斗争中不断壮大，成为广东革命政权的支柱。

第三，发展工农运动，巩固政权基础。大元帅府发布了有利于发展工人运动的法令。孙中山号召工人组织起来，"作国民的先锋，在最前的阵线上去奋斗"。1924 年 7 月，广州沙面数千工人举行大罢工，抗议英、法帝国主义的"新警律"。斗争坚持一个多月，取得了胜利，轰动了广州和香港，影响扩展至中部和北方。广州工人乘胜组织了工团军。至 1925 年底，仅广州市参加工会的工人就达 12.5 万人，全省工会会员共 20 多万人。

1924 年 3 月，国民党中央农民部决定在农村组织农民协会和农民自卫军，同时派遣特派员到各县积极进行宣传和组织工作。广州创办了农民运动讲习所，在彭湃、毛泽东的努力下，培养了大批农民运动骨干，促进了农民运动的发展。1925 年 5 月，广东全省有农民组织的县 22 个，参加的农民有 21 万多人。一年后，有组织的县增至 61 个，参加的农民达 62 万人。在工农运动的带动下，广东的商民运动、青年和妇女运动也有相当发展，出现了前所未有的新气象。

第四，巩固和扩大广东革命根据地。革命形势的发展引起帝国主义及其走狗的恐慌和仇恨，他们既支持陈炯明伺机进犯广州，又指使买办陈廉伯策动广东各地商团叛乱。广东商团原是辛亥革命后成立的商人自卫武装，后来被英国殖民者和买办、地主等操纵。1924 年 8 月，商团私自将长短枪约 1 万支、子弹 300 多万发运进广州，被广东革命政府发觉，孙中山下令将其没收。商团立即组织请愿、罢市，勾结国民党右派和滇军首领，企图颠覆大元帅府。在右派包围下，孙中山一度认为广州难以坚持，时值江浙战争爆发，便于 9 月率粤、湘军等 2 万余人，移大本营至韶关，进行北伐。在混乱中，商团的反动气焰更加嚣张。10 月 10 日，广州工人、学生进行游行，突遭商团军开枪射击，死伤数十人。在广东革命政府危急时刻，共产党人和国民党左派主张坚决镇压商团。孙中山在看清商团事件的真相后，急调警卫军等部回师广州，并组织革命委员会指挥平叛。10月15日彻底平息商团叛乱，稳定了局势。1924年冬，当孙中山北上期间，盘踞东江的陈炯明仍拥有3万余人，准备配合国内的各种反动势力，再次进犯广州。为了巩固广东革命根据地，广东革命政府于1925年1月中旬决定东征讨伐陈炯明，同时编组了东征联军，由滇军、桂军、黄埔军和粤军，组成左、中、右三路出击。2月初，东征军誓师出发讨贼。担任左、中路军的滇、桂军首领另有图谋，按兵不动。以黄埔军为主力的右路军在广大工农群众支持下奋勇前进，经过50多天的浴血奋战，彻底打垮了陈炯明的主力，迫使困守惠州的陈部杨坤如军向革命军投诚，接受改编。

当东征军长驱破敌时，滇系军阀头子唐继尧，获得日本大批军火的援助，乘孙中山在北京病危之机，擅自出兵广西，矛头直指广东革命政府。3月中旬孙中山刚逝世，唐突然通电就任大本营副元帅职，暴露出独霸西南的野心。5月中旬，杨希闵、刘震寰往香港参加密谋会议后返穗，公然叫喊：要"把广东从共产党人物中解放出来！"6月5日，杨、刘所部公开叛乱，攻打广东革命政府。在工农群众的大力支持下，东征军及其他各路军配合作战。至6月12日，广州市区内各处的滇、桂各叛军全部被讨平，歼敌2万余人，使广东革命政府转危为安。

广州国民政府的建立

第一次东征的胜利和杨刘叛乱的被平定，使广东革命政权趋于稳定；经过中国共产党和国民党左派的共同努力，以黄埔学生军为基础的武装力量日益发展，广东工农群众的力量也迅速壮大，特别是数万省港罢工工人汇集广州，成为革命政权的有力支柱。至此，成立国民政府，统一广东革命根据地的政治、军事和财政的条件已经成熟。

1925 年 6 月 15 日，国民党中央执行委员会政治委员会通过"改组大元帅府为国民政府"、"建国军、党军改称为国民革命军"等决议案。25 日，国民党中央执行委员会发表政府改组宣言。7 月 1 日，中华民国国民政府在广州正式成立。当天发表的成立宣言宣告："国民政府惟一职责，即履行先大元帅遗嘱"，实行国民革命之目的；当前国民革命之任务，即着手废除不平等条约和召集国民会议。国民政府受国民党的指导和监督，实行委员制。国民政府中央机关为最高执行机关即国民政府委员会，管理和掌握全国政务。以汪精卫、廖仲恺、胡汉民、谭延闿、徐谦、许崇智、伍朝枢、于右任、张静江、张继、程潜、朱培德、林森、戴季陶、孙科、古应芬等 16 人为委员；汪精卫、胡汉民、谭延闿、许崇智、林森等 5 人（后增张静江、宋子文）为常务委员；汪精卫任国民政府主席。国民政府初设军事部、外交部、财政部，后增加交通部、司法部。军事部部长为许崇智（后为谭延闿），外交部部长为胡汉民（后为傅秉常、陈友仁），财政部部长为廖仲恺（后为古应芬、宋子文），交通部部长为孙科，司法部部长为徐谦。

当天，广州举行了国民政府成立典礼。各界群众10万人集会，高呼"拥护国民政府"，"实现孙先生遗嘱"，"废除不平等条约"等口号。政府委员在会上宣誓："余等诚敬宣誓，恪守总理遗训，服从党义，奉行国家法令，尽忠本职，决不营私舞弊，授受贿赂，谨守誓言，决不违背。"国民政府除任命各部部长外，还任命广东省政府主席和各厅厅长，接着广州市政府也宣告成立。

7月3日，国民政府军事委员会在广州成立。以汪精卫、胡汉民、伍朝枢、廖仲恺、朱培德、谭延闿、许崇智、蒋介石为委员，汪精卫任主席。军事委员会组织法规定，它"受中国国民党之指导及监督，管理、统率国民政府所辖境内海陆军、航空队及一切关于军事各机关"。此外，广州国民政府中央机关还设立了法制、司法、监察等机关；对其所辖区域内的地方机关也陆续进行了改革，将省、道、县三级地方政权改为省、县两级地方政权，废省长公署、县知事公署、市政厅，设省政府、县政府、市政府，改各级政府首脑为主席、委员长。

8月26日，军事委员会为统一军政，消除军令不统一的状态，议决编组国民革命军，取消原有地方军的名称，将党军改为国民革命军第一军，蒋介石任军长；建国湘军改为第二军，谭延闿任军长；建国滇军改为第三军，朱培德任军长；建国粤军改为第四军，李济深任军长；福军改为第五军，李福林任军长。第二次东征后，原攻鄂军改为第六军，程潜任军长。国民革命军还仿照苏联红军，在各军中先后建立了各级党代表和政治部制度。各级党代表和政治部主任多由共产党员、国民党左派担任。从此，军政开始统一，财政也渐收归中央政府。首任财政部部长廖仲恺对统一财政态度坚决，措施得当。自统一财政后，收支状况有很大改善。1924 年广东省平均月收入仅为 66.5 万元，国民政府成立后迅速增加，1925 年 12 月份达到400 万元。

广东革命政府和军队的改组，增强了革命力量，引起了军阀、政客和国民党右派的忌恨。他们同英国殖民者、陈炯明残部相勾结，进行破坏和颠覆活动。1925 年 8 月 20 日，国民党左派领袖、孙中山革命政策的忠实执行者廖仲恺被反革命暴徒暗杀，给中国民主革命造成巨大损失。这时，陈炯明残部乘机重新占领东江一带；盘踞在广东南部的邓本殷与北江川军一部也配合陈炯明部，妄图从三面围攻广州。在共产党人和国民党左派支持下，广州国民政府决定进行第二次东征。9 月下旬，组成以蒋介石为总指挥、周恩来为总政治部主任、苏联顾问罗加乔夫为总顾问的东征联军。10 月初，各军誓师出发，经过一个月的奋战，攻克了惠州城，并在东江各地各个击破陈炯明部叛军。

10 月底，国民政府任命朱培德为南征军总指挥，相继克复了阳江、肇庆、钦州、廉州等地。1926 年 2 月，又消灭了海南岛残敌，胜利结束了南征。至此，广东境内的反动军阀被全部消灭，完成了广东革命根据地的统一。

与此同时，李宗仁部在广西打败另一个桂系军阀沈鸿英，统一了广西，表示拥护国民政府的领导。1926 年 3 月 15 日，国民党中央政治会议通过两广统一案，决定广西军队改编为国民革命军，两广财政受国民政府指导、监督。继而，发布两广合作宣言。6 月 1 日，广西省政府正式成立，以黄绍竑为主席，广西军队编为国民革命军第七军，李宗仁任军长。

这样，两广实现了军事、行政、财政、民政的统一，为国民革命的更大发展提供了可靠保证，也为出师北伐创造了有利的条件。

蒋介石夺取最高权力

革命形势的向前发展，使国民党内左派与右派之间的分野日益明显，斗争逐渐激烈。国民党内的右派联合国内外的反动势力，向革命力量发动进攻，他们打击共产党和国民党左派，破坏国共合作，妄图使蓬勃兴起的国民革命半途而废。而共产党和国民党左派则坚持国共合作，实行孙中山的三大政策，完成反帝反封建任务。在这场斗争中，蒋介石实际上站在右派一边，但他竭力伪装自己，倚仗手中掌握的军事实力，既左右逢源，又左右开弓，逐渐夺取了最高权力。

蒋介石（1887～1975），原名瑞元，学名志清，后改名中正，字介石，出生在浙江奉化溪口的一个盐商家庭。早年在家乡入私塾和中学堂。1907年进保定陆军速成学堂学习炮兵，次年到日本东京振武学校炮兵科学习。1910年冬转入日本陆军第十三师炮兵联队学习。他在留日期间结识了陈其美，并加入了同盟会。1911年10月辛亥革命爆发后，蒋介石应召参加杭州光复之役，在陈其美部下任沪军第五团团长。1912年1月，蒋收买歹徒刺杀光复会著名领袖陶成章，案发后逃往日本，回国后协助陈其美在上海等地从事反袁斗争。1916年5月陈其美被刺身亡后，蒋直接受孙中山派遣从事一些革命活动。1918年后，蒋介石任粤军总司令部作战科主任、第二支队司令等职，在粤军中缺乏基础，没有实权，曾几度辞职赴沪。1920年，蒋与戴季陶、张静江等在上海合股经营证券投机生意，并结识虞洽卿、杜月笙等人，后因交易所面临危机，在上海难以立足，打算另谋出路。1922年6月至8月间，孙中山因陈炯明叛变避居永丰舰坚持斗争，蒋介石前往随侍，博得孙中山的信任，随后被任命为东路讨贼军参谋长、广州陆海军大元帅府参谋长等，但没有实际就职。1923年8月至11月间，蒋介石奉派率"孙逸仙博士代表团"赴苏俄考察学习军事、政治和党务。

1924年5月，蒋介石任黄埔军校校长兼粤军司令部参谋长。他对孙中山联俄、联共、扶助农工三大政策虽有不满，但在当时形势下表示拥护，并在一定程度上加以执行。他在军校师生中重用亲信，培植个人势力，支持反共分子成立孙文主义学会，抑制和打击青年军人联合会。1924 年 10 月后，蒋介石对镇压商团叛乱、东征陈炯明和平定滇桂军阀叛乱等役态度坚决，组织和领导黄埔军校师生英勇作战，战果卓著，因而获得较高声望。他先任潮汕善后督办，继兼任广州卫戍司令，1925 年 8 月任国民革命军第一军军长。蒋介石乘处理廖仲恺被刺案之机，先联合汪精卫迫使胡汉民出国，继而驱迫粤军总司令许崇智离开广州，收编粤军师旅。1926 年 1 月，在国民党"二大"及二届一中全会上，蒋当选为国民党中央执行委员、中央常务委员，2 月被任命为国民革命军总监，统辖各军。至此，蒋介石成了拥有国民党党务和军事实权的人物，与汪精卫成为广州国民政府一武一文的两大巨头。

蒋介石曾自我表白说，从国民党"二大"起，他就"下了决心，早就把生死置之度外"，要同共产党"奋斗抵抗到底"。1926 年 3 月 20 日，他捏造事实，制造了中山舰事件，这是"蒋介石与右派勾结，打击汪精卫，向共产党进攻，向革命示威"的严重政治事件，也是他反动面目的大暴露。

中山舰事件发生前，右派势力已多次准备夺取中山舰，遭到共产党员、代理海军局长兼中山舰舰长李之龙等的反击。西山会议派和孙文主义学会分子早就四处散布谣言，谋划"拆散广州的局面"，"使共产党和蒋分家"。他们编造谣言说："共产党在制造叛乱，阴谋策动海军局武装政变。"还假造命令，让李之龙派中山舰等开赴黄埔听候调遣，又反诬"共产党阴谋暴动，要推翻政府"。蒋介石便乘机于3月19日密邀心腹人物进行策划，决定对共产党等革命势力发动突然袭击。

当日深夜，蒋介石以兼广州卫戍司令的身份，擅自宣布广州戒严，调动亲信部队发动事变。20日凌晨，奉蒋命令的部队拿捕李之龙，占领中山舰及海军舰队；将第一军中一些党代表和政治工作人员拘留在广州卫戍司令部；包围省港罢工委员会，收缴工人纠察队武器；包围搜查广州东山苏联顾问住宅及海军局等机关；还派武装人员监视黄埔军校的共产党员师生及左派人士，并以"保护"为名，包围汪精卫住宅。22日，国民党中央政治委员会在蒋介石的压力下作出决定：汪精卫"暂时休假"，令苏联顾问季山嘉等回国，查办李之龙等军官。蒋介石从而达到了预期计划。

5月15日，在国民党二届二中全会上，蒋介石又提出"党务整理案"，打击和排斥在第一军和中央党部工作的共产党员。他乘机相继夺取了军事委员会主席、国民党中央组织部部长、军人部部长、国民革命军总司令以至国民党中央常务委员会主席等要职。蒋乘筹备北伐之机，规定"凡国民政府下之陆海航空各军均归其统辖"，"凡国民政府所属军民财各部机关，均须受总司令之指挥，秉承其意旨办理各事"。可以说，至此，蒋夺取了至高无上的权力。

北伐决策与初步胜利

广州国民政府成立后，通过第二次东征和南征，统一广东革命根据地，实行军政、财政和民政统一，逐渐取消苛捐杂税，得到了人民的拥护，财政状况显著好转。在两广实现统一后，1926年3月，湖南唐生智宣布拥护国民政府，先任湖南代省长，继任国民革命军第八军军长。至此，国民革命军拥有8个军约10万人。随着全国反帝爱国运动和工农革命运动日益高涨，广东省港工人奋起响应，大力支持广州国民政府，为北伐战争提供了有利条件。

为了动员各方面力量支持北伐战争，中国共产党于1926年2月在北京召开特别会议，认为党在现时政治上的主要责任是从各方面准备广东政府的北伐，决定加紧进行北伐军必将经过的湖南、湖北、河南、河北等省的群众工作，发动和组织农民接应北伐军。但当时中共中央主要负责人陈独秀对北伐持消极态度，蒋介石乘机夺取了很大权力，掌握了北伐的领导权。经过国共两党有关人士及苏联军事顾问加伦等的反复研究和磋商，一致赞成迅速出师北伐，确定了一个集中兵力各个击破敌人的战略方案。

1926年6月5日，广州国民政府通过出师北伐案。7月1日，发表《北伐宣言》，9日，国民革命军誓师北伐。国民革命军的编组情况是：总司令蒋介石、总参谋长李济深（留守广州）、副总参谋长白崇禧、总政治部主任邓演达、副主任郭沫若、第一军军长何应钦、党代表缪斌、第二军军长谭延闿、副军长鲁涤平、党代表李富春、第三军军长朱培德、党代表朱克靖、第四军军长李济深、副军长陈可钰、党代表廖乾吾、第五军军长李福林、党代表李朗如，第六军军长程潜、党代表林伯渠，第七军军长李宗仁、党代表黄绍竑，第八军军长唐生智、党代表刘文岛。其中政治工作人员多数是中共党员和国民党左派人士。苏联政府派加伦将军等为国民革命军顾问，并支持了大批军事装备、资金和其他物资，广东等省人民群众大力支援北伐军，省港罢工工人组织了几千人的运输队随军出征。

北伐战争的对象是北洋军阀的反动统治。后者在政治、经济和军事等方面拥有强大的实力，在帝国主义支持下，窃据北京中央政权和中国经济比较发达的十多个省份。直系军阀吴佩孚约有兵力20万，占据了河南、湖北、湖南三省，陕西的东部和直隶（今河北）保定一带，控制着京汉铁路。另一个直系军阀孙传芳约有兵力20万，据有江苏、安徽、浙江、福建和江西五省。奉系军阀张作霖约有兵力35万，占有东北各省和北京、天津等重要城市，控制着津浦铁路北段。这三大军阀共有兵力约75万。其他各省还有许多小军阀。为了扑灭日益高涨的人民革命运动，吴佩孚、张作霖在1926年三四月间已采取联合步骤，计划在北方消灭国民军，在南方先进攻湖南，进而消灭广东革命势力。孙传芳由于同吴佩孚、张作霖存在尖锐矛盾，表面上打着"保境安民"旗号，实际上是坐山观虎斗，以便从中渔利。北伐军制定了各个击破敌人，首先集中兵力攻取两湖，消灭吴佩孚军队的方针。

国民革命军的具体战略部署是：由广东出发，分三路向北挺进。西路为北伐军的主力，担任正面主攻，由第四、七、八军约 5 万人，沿粤汉路进攻两湖，消灭吴佩孚主力，夺取武汉；中路由第二、三、六和第一军的 2 个师组成，先担任警戒，准备进攻江西孙传芳部队；东路军由第一军第三师组成，先以攻势防御，继而伺机向福建、浙江进军。待三路大军消灭吴佩孚、孙传芳主力后，准备迅速进入长江以北地区，共同消灭控制北京政权的奉系军阀张作霖的部队。

北伐军首先向湖南进军，两湖战场成了北伐战争的主要战场。1926 年 5 月上旬，国民革命第七军的 2 个旅已入湘协同第八军唐生智部同吴佩孚作战。5 月下旬，广州国民政府又派第四军第一师（师长陈铭枢）、第十二师（师长张发奎）和叶挺独立团入湘增援。独立团是中国共产党直接领导的部队，是第四军的开路先锋，6 月 5 日攻占攸县，取得了入湘作战的首次大捷。7 月初，担任主攻任务的第四、七军先后抵达攸县地区，与第八军汇合。然后分三路进攻长沙。在工农群众支援下，北伐军 11 日攻下长沙。蒋介石在长沙召开军事会议，决定分三路攻取湖北。8 月 19 日，中路军发起总攻，先后攻占平江、岳阳，切断粤汉路。接着进入湖北境内作战。25 日开始攻打武长铁路线上的军事要隘汀泗桥、贺胜桥。8 月 26 日，第四军以 6 个团的兵力发起进攻，双方争夺激烈。27 日晨，独立团在当地农民引导下，从小路迂回到汀泗桥东北面敌人背后，发起猛攻，占领了汀泗桥。第四军英勇善战，获得了“铁军”称号。8 月 29 日，北伐军第四、七军向贺胜桥发起总攻，30 日下午，叶挺独立团首先突破吴军防线，占领贺胜桥。9月1日，第四、七军到达武昌城下。吴佩孚企图凭借武昌城垣及长江天险负隅顽抗，守住武汉，9月2日，北伐军第一军第二师及第四、七军开始进攻武昌城。

武昌城垣高大，易守难攻，进攻未能奏效。9月3日，蒋介石亲临武昌视察，强令第二天起继续强攻。第一军第二师多次攻城，均未成功。北伐军调整部署，由第四军担任围攻武昌的任务，第八军进攻汉阳。在北伐军猛烈进攻下，汉阳守军刘佐龙部倒戈。汉口工人举行罢工支援北伐军。7日，北伐军占领了汉阳、汉口，吴佩孚逃往郑州。10月9日，在北伐军严密包围和策动下，武昌守军吴俊卿部起义，接应北伐军。10日，陈铭枢师、张发奎师、叶挺独立团、第八军第一师等联合发起总攻，城内守敌被迫投降。北伐军此役共俘吴部司令以下官兵共1.2万多人，缴获大量战利品。至此，吴佩孚的主力基本被消灭，北伐军取得了两湖战役的决定性胜利。

北伐军在两湖的胜利进军，使孙传芳感到威胁，便向北伐军提出最后通牒，限令退回广东，并分兵两路袭击北伐军。中国共产党坚决主张集中力量消灭孙传芳。蒋介石也因唐生智的势力在两湖迅速发展，急于开辟江西战场，夺取江西地盘，扩张自己的势力。江西战场主要以三次攻打南昌为中心。9月中旬以前，第二、三军分别夺取赣州、吉安、萍乡、安源等地，第六军占领奉新等地。19日，第三、六军各一部冒险攻入南昌城，21日被迫退出。南昌撤退时，北伐军损失惨重，蒋介石的嫡系第一军王柏龄师因不按计划行动，几乎全军覆没，致使第六军也损失过半。10月上旬，蒋介石由武昌转赴江西，亲自指挥南昌会战。他强行决定采用云梯登城。因敌人早有准备，北伐军付出重大伤亡，却未能取得进展，被迫撤除南昌之围。北伐军在两湖战事胜利结束后，主力迅速转入江西，准备第三次攻打南昌。11月初，北伐军在加伦将军参与指挥下，对江西孙传芳部各据点发动总攻。北伐军先攻占德安、马回岭，控制了南浔路，使九江和南昌陷于孤立。孙传芳见势不妙，逃回南京。11月5日，北伐军攻克九江，同时包围南昌，8日占领南昌。至此，江西的北洋军全线溃退。

江西战事紧急时，福建周荫人部企图进攻广东，扰乱北伐军的后方。北伐军出兵福建，孙传芳无力顾及，敌人内部加剧分化，张毅等部归附北伐军。1926年12月间，北伐军占领福建全省并乘胜追击，向浙江挺进。在江西告捷的北伐军一部也向浙江推进，经与孙传芳部的几次交战，于1927年2月占领浙江全省。

不过半年多时间，北伐军即击溃了吴佩孚和孙传芳的几十万军队，占领了湖南、湖北、江西、福建、浙江等省，把国民革命从两广推进到长江流域。北伐军也在战争中壮大了力量，由8个军10万人发展到20个军25万人。

二 迁都武汉 风雷激荡

 迁都的酝酿与实现

北伐战争的迅速发展，使革命势力由中国南部扩展到中部，革命的重心已转移到长江流域，国民政府的迁移问题也就提到了日程上来。

此前孙中山及其革命党人主要在两广和福建一带，特别是广州地区从事革命活动。革命势力要向全国发展，中心就有北移的需要。国民党领导人早有这种愿望和酝酿。1926 年 10 月，北伐军攻占两湖，进军江西，席卷长江流域，国内形势发生了巨大变化。为此，国民党在广州召开中央执监委员和各省区负责人等的联席会议，讨论"国民政府现在要不要迁移"到武汉的重要问题。会上出现立即迁移和暂时不动两种意见，未形成决定。

随着革命形势的发展，国民政府的管辖区日渐扩大，迁都的时机已成熟，国民党中央政治委员会于 11 月 26 日作出了迁都武汉的正式决定。会后，在广州的国民党中央执行委员和国民政府委员分批北迁。12 月

2 日，宋庆龄偕国民政府司法部部长徐谦、交通部部长孙科、财政部部长宋子文、外交部部长陈友仁以及苏联顾问鲍罗廷等到达南昌，同蒋介石往庐山开会，讨论和决定的主要问题有：早日迁都武汉；继续联络张作霖，集中力量消灭孙传芳军队；积极开展农民运动，实施二五减租；统一财政等。会议结束后，宋庆龄等一行到达武汉，受到人民群众的热烈欢迎。

为了不使国民党中央党部和国民政府的权力中断，到达武汉的各委员商议决定成立中国国民党中央执行委员暨国民政府委员临时联席会议，代行国民党中央和国民政府职权。联席会议成员"以中央执行委员与国民政府委员及湖北省政务委员会主席、汉口特别市党部、湖北省党部代表各一人为限"。12 月 13 日，中央党政联席会议正式成立，其成员除徐谦、陈友仁、宋子文、孙科等 4 位部长外，还有蒋作宾、柏文蔚、吴玉章、宋庆龄、王法勤、唐生智、张发奎、邓演达、詹大悲、董必武、于树德等。徐谦任主席，叶楚伧任秘书长，鲍罗廷任顾问。

武汉临时中央党政联席会议各机关迅速选定地址，开始工作。经过紧张的准备，1927 年 1 月 1 日正式办公。联席会议发布命令说："确定国都，以武昌、汉口、汉阳三城为一大区域作为'京兆区'，定名武汉。又组织委员会，以财政、外交、交通诸部长，汉口、武昌市长及防军司令九人为委员，统治京兆区。"这标志着国民政府已迁都武汉，国民政府从广州时期进入武汉时期。

此时武汉地区工农运动蓬勃发展，湖北省已成立和即将成立农民协会的县达 34 个，会员数增至 28 万多人，武汉工人罢工影响很大。武汉国民政府积极支持汉口、九江民众收回了英租界，还通过一系列有利于人民的决议案并积极加以实施，为举世所瞩目。

武汉临时联席会议成立后，表现出坚决反帝反封建倾向，使蒋介石感到，这样的政府根本不可能受其控制，便突然改变了曾一再鼓吹的迁都武汉的主张，提出迁都南昌，并企图胁迫汉方服从。12 月，他把张静江、谭延闿从广州接到南昌，并截留了部分取道江西去武汉的国民党中央执监委员和国民政府委员，于 1927 年 1 月 3 日擅自在南昌召开临时中央政治会议，非法决定中央党部和国民政府移驻南昌。蒋要使北伐军总司令部凌驾于国民党中央和国民政府之上，从根本上抛弃党和政府的组织原则。为了达到迁都南昌的目的，蒋在 1927 年 1 月 10 日和 21 日又两次操纵南昌政治会议，作出决定，要求武汉成立政治分会，解散临时联席会议，遭拒绝后，又提出在南昌召开国民党中央全会，以便诱惑国民党中央委员到南昌集中。1 月 11 日，蒋介石亲临武汉游说，处处遭到抵制。2 月 21 日，在武汉的国民党中央执监委员和国民政府委员举行扩大会议，决定中央党部、国民政府即日开始在武汉办公，结束临时联席会议，并重申准备在武汉召开国民党二届三中全会的决定。同时请南昌各委员即日到武汉视事。蒋介石迁都南昌的企图终于没有得逞。至 3 月初，停留在南昌的中央党部和国民政府领导人绝大多数到达武汉。

武汉国民政府正式成立

1927 年 2 月，迁都之争尚未结束，武汉方面举行国民党高级干部会议，提出实行民主，反对独裁，提高党权，扶助工农运动的方针，同时决定召开国民党二届三中全会，解决迫切问题。

随着北伐战争在军事上的胜利，蒋介石以总司令身份，不受合议制的约束指挥军事委员会各部、局、厂等军事机关；又以战时需要为名，指挥政府各部，从而将国民政府置于其指挥之下。同时蒋又大批收编旧军阀的军队，迅速膨胀其军事实力。到 1927 年 3 月 1 日，以国民革命军的名义共编成 26 个军 97 个师、1个旅，约 50 万人。旧军队成分的大量增加，使国民革命军的素质起了重大变化。这一切使国民党的有识之士深感担忧，希望通过党的中央全会采取必要措施，加以解决。

国民党二届三中全会在蒋介石阻挠下延至 3 月 7日才在武汉召开预备会议。3 月 10 日至 17 日，全会正式召开。出席会议的委员共 33 人，国民党左派和共产党员占了多数，会议开得很成功。全会坚持孙中山的三大革命政策，重申了国民革命反帝反封建的方针，会议还针对蒋介石权力过于集中及其独裁行为，作出相应规定，在组织上进行一些限制。

这次会议决定改变国民党和国民政府的某些现行体制。在党的制度方面，废除了主席制，设中央执行委员会常务委员会，执行党的最高领导权。中央委员会选出汪精卫、谭延闿、蒋介石、孙科、顾孟余、谭平山、陈公博、徐谦、吴玉章9人为常务委员，共同对中执委员会负责；改选了国民党中央组织部部长，撤销了军人部。在政府体制方面，废除国民政府主席一职，选出国府委员28人，推孙科、徐谦、汪精卫、谭延闿、宋子文5人为国民政府常务委员，以集体领导，处理政务。另废除政治委员会主席一职，实行主席团制；规定政治委员会是国民党中央执行委员会领导下的最高政治指导机构，除中央常委9人兼任外，加选宋子文、陈友仁、邓演达、林伯渠、王法勤、宋庆龄6人为委员，其中汪精卫、谭延闿、孙科、顾孟余、徐谦、谭平山、宋子文等组成政治委员会主席团。关于军事委员会，废除主席一职，设主席团，由7人组成，实行集体领导；把高级将领的任免权集中于军事委员会，选举谭延闿等16人为军事委员会委员。

上述决定旨在对蒋介石的权力进行一些限制和削弱，但会议仍选他为国民党中央常委、军委主席团成员，并让他继续担任国民革命军总司令。这使蒋的军事实权并没有削弱。他无视这次会议的决议，公然与之对抗。

二届三中全会决定国民政府在原有的外交、财政、交通、司法4部之外，增设劳工、农政、教育、实业、卫生5部。新设各部部长为：农政部部长谭平山、劳工部部长苏兆征、实业部部长孔祥熙、教育部部长顾孟余、卫生部部长刘瑞恒。共产党人不仅当选为国民政府委员，而且担任了劳工和农政两部部长。会议还决定将大理院改为最高法院、改革审判制度等。这次会议充实和改进了国民党的中央和国民政府机构，标志着国民政府的政权建设，比广州时期更加完善，进入了一个新的阶段。

全会闭幕后，3 月 20 日，国民政府委员在武昌举行宣誓就职典礼，并公布各部部长名单。大会由林伯渠主持，在汉的国民政府委员宣誓："恪遵总理遗嘱，服从党义，奉行国家法令，忠心并努力于本职，并节省经费，决不雇佣无用人员，不营私舞弊，授受贿赂，如违背誓言，愿受本党最严厉之处罚。"至此，武汉国民政府正式成立。

武汉国民政府是在国民党中央政治委员会领导下进行工作的。自 3 月 14 日至 5 月中旬，中央政治委员会共召开 22 次会议，通过决议案 442 个，大部分议案交国民政府各部执行。在国民党左派和中国共产党人的共同努力下，武汉国民政府处理了一些重大的内政外交及国计民生问题。它是广州国民政府的继续和发展，是国共合作的新形式。但在 5 月中旬以后，这个革命政权发生了质的变化。

 3 收回汉口、九江英租界

武汉国民政府在对外关系方面，同苏俄保持友好往来，接受苏俄政府和人民在人力、物力和道义上的援助；欢迎第三国际代表团驻汉口，聘请鲍罗廷、加伦等苏俄政治、军事顾问协助指导政府的各项工作；依靠人民力量，顶住了英、美、日、法公使团的外交讹诈和军事威胁，收回汉口、九江英租界，维护了国家主权，提高了中国的国际地位。

北伐的胜利进军和工农运动的高涨，打击了帝国主义在华势力，使帝国主义者又恨又惧。1926 年 10 月当北伐军攻占汉口后，英国租界当局对革命政府采取敌视态度，在四周遍布电网、沙袋，派出水兵和义勇队轮流布防，严禁北伐军通过。北洋军阀的余孽藏身租界内，不断造谣和破坏。在英国策动下，11 月下旬，各国驻武汉领事向武汉国民政府提出抗议，要求取缔工人运动。英国关闭汉口工厂，致使失业工人增加，给新生的武汉政权造成经济损失和社会压力。这时天津英法租界巡捕还逮捕国民党人员，引渡给张作霖。英帝国主义的挑衅行为激起了中国人民的愤怒，国民党暨国民政府联席会议决定支持人民群众的反帝斗争。12 月 26 日，武汉各界举行大规模集会，议决对英实行经济绝交，要求政府收回英租界。

1927 年 1 月 1 日至 3 日，武汉人民为庆祝国民政府北迁和北伐胜利，举行庆祝活动。3 日，中央军事政治学校宣传队在英租界附近江汉码头进行宣传讲演，听众千余人，"秩序井然"。正当群众聚集静听时，英国水兵上岸干涉，驱赶听讲群众，并用刺刀向人群乱戳，群众死伤 30 余人，造成一三惨案。

事件发生后，武汉国民政府派徐谦、蒋作宾赶往出事地点，安抚保护群众，外交部部长陈友仁召见英国领事交涉。正在汉口举行湖北工会第一次代表大会的代表，在李立三、刘少奇领导下，立即发出通电，要求政府收回英租界，撤退外国在华军队和租界内武装，惩办凶手等。4日，武汉农工商各界200多团体代表举行联席会议，以总工会的要求为基础，提出赔偿、惩凶、解除英租界巡捕及义勇队武装等8项处理惨案办法，要求政府与英国领事交涉。当日，国民政府完全接受上述要求，派外交部部长陈友仁与英方交涉。在各界人民的强大压力下，英方被迫撤回水兵和巡捕。当晚，武汉卫戍司令部派出3个连进驻英租界，湖北总工会派300名纠察队员进租界协助维持秩序，汉口市民此时也纷纷拥入租界，拔除电网、沙袋等作战设施。5日下午，武汉各界举行30万人大会，公布惨案真相，重申8条对英办法，并发表通电。当晚，武汉国民政府决定建立"汉口英租界临时管理委员会"，由陈友仁任委员长，孙科、宋子文任委员，接管英租界一切市政公安事宜。

汉口英租界被接管之后，九江英租界地发生了英人殴伤中国人和英舰开炮的事件。于是，九江也爆发了收回英租界的斗争。

北伐军光复九江后，九江怡和、太古轮船公司的码头工人组织工会，掀起了罢工浪潮。1927年1月6日，一名英国人雇佣码头以外的人为其搬运行李登舰，被罢工纠察队员阻止，双方发生争执。英国水兵横加干涉，用大棒重伤纠察队员，停泊在江中的英舰竟开炮示威。这一暴行激起了九江人民的愤怒，数万工人群众当天便冲进租界，迫使英国水兵退回军舰。7日，武汉国民政府派人到九江，成立九江市民对英行动委员会，接管了英租界。10日，在武汉国民政府的主持下，成立了"九江英租界管理委员会"。

汉口、九江英租界事件后，英国造谣诬称中国人民杀人放火，威胁外国人生命财产，企图煽动各国出兵干涉。对此，武汉国民政府申明，中国人民要求的是国家的独立、自由和主权，反对的是侵略暴行，并不反对一般外国侨民。陈友仁还约见美国驻汉领事等，"郑重声言在汉美侨及外国人士，国民政府当始终予以切实保护"。英国纠集列强联合干涉的谋划未能成功。1月11日，英国驻华使馆参赞阿玛利到汉口与武汉国民政府谈判。由于在谈判进行中英国继续增兵上海，引起武汉政府的抗议，2月1日宣布终止谈判。2月10日，英国外相张伯伦发表演说，宣布调遣来华的军队大部分将不集中于上海，而改向香港进发，以示"让步"。2月19日，陈友仁和阿玛利分别代表武汉国民政府与英国政府签订了《汉口英租界协定》，规定"英国市政机关，即行解散，而租界区域内之行政事宜，将由华人之新市政机关，接收办理"。英国政府终于正式承认将汉口租界无条件交还中国。2月20日，双方又签订《九江英租界协定》，承认"关于汉口租界所订之协定，将即时同样适用于九江英租界"。至此，收回汉口、九江英租界的斗争取得了完全胜利。

收回汉口、九江英租界，是中国人民近百年来反帝斗争的一次空前壮举，也是北伐战争中的一项重大成就，同时又是国民政府迁汉后取得的一项良好政绩，提高了武汉国民政府在全国人民中的威望。上海《时事新报》载文颂扬汉口工人"训练有素"，称赞他们"无不愿赤手空拳与英水兵决一死战"的爱国主义精神，认为这是"国民政府外交的荣誉"，"在中国外交上开一新纪元"。

 4 初期辖区与内政设施

从党政联席会议成立到国民党二届三中全会召开这段时间，武汉国民政府管辖了珠江、长江和黄河流域的 11 个省份，革命势力波及大半个中国，但各省的隶属情况是不平衡的。

广东省。这是革命政权最早控制的省份。国民政府北迁后，国民政府总参谋长李济深领导的总司令部仍留驻广州，掌握了广东省的实权。他竭力把广东变成自己的地盘，又把人力、物力、财力提供给蒋介石使用。武汉政府对广东的管辖权是有限的。

湖南省。1926 年 5 月 30 日起，唐生智任湖南省政府主席兼军事厅长。执行武汉政府各项方针政策，对工农运动比较支持。湖南成为武汉政府的有力支柱和可靠后方。

湖北省。该省的武汉市是国民党中央党部和国民政府所在地。湖北临时政治会议由唐生智、邓演达等组成，唐生智任主席，主持全省工作。同时，建立了以邓演达为主任的湖北省政务委员会，做了大量有利于湖北人民的工作，为武汉国民政府的巩固和发展作出了贡献。

江西省。1926 年 11 月 27 日成立了江西省政务委员会，先由陈公博任主席，不久由李烈钧继任。蒋介石驻赣期间直接控制江西，很少执行武汉政府指示。

福建省。1927 年 1 月 3 日，福建临时政治会议成立，何应钦为代理主席，实权掌握在蒋介石嫡系手里。

广西省。国民政府迁汉后，成立了由李宗仁、白崇禧、黄绍竑等组成的广西省政府，李宗仁等视广西为自己的地盘，不准他人染指。武汉政府对广西的管辖权很有限。

贵州省。该省权力由地方实力派袁祖铭掌握。他们表示服从武汉政府，对牵制云南地方军阀袭击两广起了一定作用。

四川省。1927 年 1 月 8 日，经国民政府批准，四川省临时政府在重庆成立。到 1 月 24 日，四川的主要军政首领刘湘、赖心辉、刘明辉、邓锡侯、田颂光等都先后接受武汉国民政府的各种任命。

甘肃省。1927 年 1 月，原驻甘肃的将领刘郁芬受武汉国民政府委任负责该省各项工作。

绥远省。1926 年 8 月，冯玉祥率国民军加入国民党并服从国民政府领导。由于冯率军出征，武汉政府虽名义统辖绥远，但各项方针政策难以在该省贯彻。

陕西省。冯玉祥率国民军解西安之围后，以国民军联军总司令的名义委派于右任为国民联军驻陕总司令，邓宝珊为副总司令。形式上是军事机构，实为国共合作的省级政府。陕西成为武汉国民政府辖区内革命运动蓬勃发展的一个重要省份，并为武汉政府第二次北伐的胜利作出了重要贡献。

武汉国民政府继续执行孙中山的三大政策，坚持反对帝国主义和封建军阀的斗争，积极支持工农运动。在武汉政府的辖区，工人组织了工会，发动了改善生活地位的斗争。为了发动农民运动，武汉国民党中央成立了以毛泽东、邓演达、谭平山、徐谦、陈克文等5人为委员的全国土地委员会，协助中央解决农民的土地问题。3月，武汉国民党中央农民部又在武昌成立中央农民运动讲习所，由邓演达、毛泽东担任正副所长；从湖南、湖北、江西等各地招收学员进行培训，学员来自17个省，达800多人，毕业后到农村去"实行农村革命，推翻封建势力"。武汉国民政府初期，湖南、湖北、江西广大农村，普遍开展了惩治土豪劣绅和镇压反革命分子的斗争。武汉政府还创办了中央军事政治学校，培养军事和政治干部，并设立教育行政委员会，领导其他教育事业的恢复和发展。

武汉国民政府大力加强法制建设，颁布了一系列政策和法令，其中比较重要的有100多项，如《工人运动委员会组织大纲》、《佃农保护法》、《中华民国国民政府组织法修正案》、《国民革命军总司令条例》、《处分逆产条例》、《新司法制度》、《外交统一方案》、《国民政府教育方针草案》等。此时，武汉政府比较注意政府工作人员，尤其是司法人员的素质，在严厉打击敌人的同时注意维护工农群众的利益。

在财政经济方面，为了解决财政困难，保证供给，武汉国民政府先后采取了一些措施。

发行公债。计划从 1927 年元旦起，发行财政公债 1500 万元，金融公债 2000 万元。

征收关税附税。从 1927 年元旦起在长沙、岳阳、武汉、宜昌、沙市、九江等地征收关税附税，税率为：普通商品 2.5%，奢侈品 5%。

发行货币。1927 年 1 月 30 日，设立中央银行汉口分行，负责掌握货币的发行和管理金融。

统一财政。1927 年 3 月 17 日，国民党二届三中全会通过《统一财政决议案》，规定"各省财政主管人员在正式省政府未成立前，由财政部选任，对财政部完全负责；凡收复省份，应即由部派员接收"，"国民政府治下各省，非经财政部许可，不得征收新税，改变税率，组织新银行，新公债及钞票，或取消通行钞票之使用权"。

此外，武汉国民政府还采取了恢复交通、采购米、煤、盐、油、柴、布等生活必需品、救济失业等措施。

总起来说，武汉国民政府上述财政经济措施，在不同程度上发挥了一定的作用，但大都未获成功。因而，武汉财政困难日益严重，地区经济日趋衰退，加上帝国主义等势力的封锁破坏，武汉政府的财政经济逐渐陷入绝境。难以克服的严重的财政经济危机，对后来武汉国民政府的解体产生了极为重要的影响。

三 宁、汉政府的对峙与合流

 蒋介石转变政策，寻找靠山

蒋介石在挑起迁都之争的同时，集结心腹人物，在南昌形成一个右派核心，经过秘密策划，确定"离俄清党"的纲领。

为了适应形势的变化，蒋介石除了约集在南方政权中任职的张静江、陈果夫、戴季陶等到南昌密谋外，急切地延揽在北方任职或隐居的密友和盟兄弟来南昌共事。他从河南召来了留日时的同学张群，任命其为国民军总司令部总参议，主持南昌行营事务；接着致函在天津的黄郛，邀他火速南下共谋大计。黄郛（1880～1936），字膺白，浙江杭州人。早年留学日本，辛亥革命时与蒋同在陈其美部下，并结为盟兄弟。稍后黄在北洋政府中历任外交总长等职，1924 年协助冯玉祥发动北京政变，任过摄政内阁总理。当他了解到革命营垒中的分化和蒋的意图后，于 1927 年 1 月初离津南下。他途经上海时，会见了中国银行副总裁张嘉璈，商谈资助蒋介石的问题。

　　黄郛到达南昌后，成了蒋介石的上宾。蒋与黄郛、张静江等人，在设于旧江西督署的总司令部和牯岭岩旅馆行营内连日反复密谋策划，终于确定了一个背离三大政策，发动反共政变的行动纲要，要点是：①"必须离俄清党"，放弃"联俄容共政策"，并要适时地向国民明示这种政策；②在外交上首先谋求同日本、英国达成"谅解"，特别是"不应该放弃日本这条路"，还要注意轻重缓急的处置；③力争早日克复京沪，联络绅商，谋求东南底定；④采取步骤联络北方冯玉祥、阎锡山，形成"中心力量"，"以减少内争而早致统一"。

　　蒋介石还加紧寻求帝国主义靠山，首先是谋求同日本的勾结。他在牯岭多次接见日本驻九江领事等，明确表示不打算废除不平等条约，而要尽可能地尊重现有条约。蒋介石认为日本对"满洲"有特殊利益，必须"特殊考虑"，表示愿意同日本握手。2月14日，蒋介石派戴季陶以国民党中央"特派员"的身份出访日本。在一个半月内，戴先后到东京、大阪、神户、长崎等地，讲演64次。他与日本外务次官、亚洲司长会谈，向日本政府进一步阐明蒋的立场，"结果甚为美满"，从而促使日本当局确定了"怂蒋反共"为主的方针，破坏中国革命。

　　同时，蒋介石也派宋子文、王正廷等谋求美英等国的支持。美国也派代表到南昌与蒋会谈。

　　蒋介石十分重视争取掌握中国主要经济命脉的江浙财团站在自己一边。

江浙财团是民国时期以上海为中心的江苏、浙江两省的大银行、大企业资本集团的统称，是旧中国最大的财团。银行资本掌握着金融实力，成为这个财团的代表。它是在第一次世界大战期间迅速发展起来的。至20世纪20年代末，形成了若干财力雄厚的大银行，如浙江实业银行、浙江兴业银行、上海商业储蓄银行，在民营银行中居首领地位，称为"南三行"。其他如宁波系的四明、中国通商、中国垦业等银行，资力也颇雄厚。当时人们套用日本财界的概念，把它们称为江浙财团。

江浙财团的投资人和主持人，有的是出身于买办或者继续兼任买办职务，有的是北洋时期的军阀官僚，多数是民族资产阶级的上层人物。其中某些人，曾在一定程度上支持反对帝国主义和官僚军阀政府的斗争。至第一次国共合作建立后，也有人与广东革命政府有过某些联系和支持。但随着革命形势的发展，尤其是工人运动的空前高涨，他们表现了较大的动摇和妥协性，而对蒋介石表示赏识和支持。

蒋介石为了获取江浙资产阶级上层人物的支持，1927年1月中旬，在武汉宁波会馆与江浙资本家以及工商界头面人物会面，明确表示反对武汉国民政府的财政经济政策和工人运动，同时又含蓄地透露："已有亲笔一文印就，惟尚未至相当时期，未能发表。此文足告慰全国实业界也。"蒋直接派时任国民革命军总司令部经理处处长、军政署署长要职的徐桴秘密赴沪联络，首先经钱永铭、陈光甫向上海金融界筹借到一笔款项。蒋亲自写信向他们致意，并邀其到南昌访问。钱、陈接信后，急忙筹措 50 万元，借给蒋年关之用。2 月，江浙财团的头面人物虞洽卿和钱永铭等，到南昌与蒋密谈，策划反共清党、镇压工人运动等问题。虞洽卿等从南昌回上海后，在上海总商会之外，组织了一个上海商业联合会，旨在配合蒋介石的行动，为其筹措军费。它拉拢了不少资本家入会，共有 60 多个会员团体，70 多名委员，包括了江浙财团的主要人物，成为蒋介石的重要后盾。

北伐军占领南京、上海

1927 年 1 月初，国民革命军总司令部在南昌召开军事会议，制订下一步的作战计划：先攻浙江、淞沪，消灭孙传芳主力，然后合攻南京。为实现这一目标，北伐军分兵三路追歼敌军：东路军由何应钦、白崇禧率第一军等 6 个纵队向浙江进攻；中路军由蒋介石任总指挥，以第三、六、七军为主力，由江西沿长江两岸东进，其中由李宗仁率第七军等 3 个纵队为江左军，程潜率第三、六军等 3 个纵队为江右军；西路军由唐生智率第四、八军等 4 个纵队为主力，由京汉铁路对付来自河南之敌。

东路军在 1 月初由闽入浙，2 月 18 日占领杭州，继而占嘉兴。3 月 21 日，白崇禧率东路军右翼占领松江，薛岳部抵达上海近郊龙华。这时守卫上海的直鲁联军军心动摇，工人和民众革命情绪高涨，中共上海区委决定发动第三次上海工人武装起义，由中央军委书记兼特别军委书记周恩来担任起义总指挥。他同上海区委负责人罗亦农、赵世炎和上海总工会委员长汪寿华等，在特别委员会领导下，对第三次武装起义做了周密的准备，在工人中建立严密的组织，成立了约3000名工人组成的纠察队。起义前铁路工人举行大罢工，破坏张宗昌运兵援助上海的计划。3月21日，上海总工会发布总罢工令，全市80万工人实行总同盟罢工并立即转入武装起义，租界里的中国工人也集合到华界参加起义。随即工人纠察队按指挥部预定计划，分别从南市、虹口、浦东、吴淞、沪西、沪东、闸北等7个区向反动军警据点发动猛攻。经过一昼夜多的浴血奋战，于22日晨攻克了敌人的全部据点，取得了第三次工人武装起义的胜利，解放了上海。起义胜利后，上海各界代表举行市民代表会议，成立上海市民政府。在19名委员中有共产党员汪寿华、罗亦农等9人。

与此同时，北伐中路军的江左军和江右军，也在安徽展开攻势。江右军在程潜指挥下，自九江出发向安徽边界进军，江左军则由李宗仁指挥由鄂东向安庆进击。3月中旬，两路军对南京构成三面包围的态势。3月23日，程潜下总攻令，当天突入南京城。北伐军终于占领了长江下游地区，取得了重大胜利。

蒋介石在取得军事进展的同时，加快了背离三大政策的步伐。一个明显的标志是在国民党二届三中全会前夕，开始公开杀害革命群众，镇压工农运动。3月

6日，他指使亲信杀害江西省总工会副委员长、赣州总工会委员长陈赞贤。3月15日，蒋自南昌起程，顺长江东下。由于他的事先安排，南昌、九江、安庆等地都发生了迫害左派人士及团体的事件。

由于长江下游局势急剧变化，特别是上海第三次工人武装起义的胜利及国民革命军占领南京，英美帝国主义决定进行公开的武装挑衅。它们以城内北方溃军和不良分子抢劫外侨为借口，诬称是北伐军"出于明白预定计划之下"的举动。美舰"诺亚号"、"普列斯顿号"和英舰"爱米特号"开炮200多发，轰击南京，打死国民革命军官兵24人，居民19人，重伤226人，房屋财产遭到严重破坏，造成了"南京惨案"。随后英、美、日等国继续向中国增兵，一时集结上海兵力达3万多人，停泊在长江流域上海附近的军舰共有125艘。

蒋介石听到英美炮击南京的消息后，惶恐不安。25日中午，蒋介石抵达下关，惟恐局势动荡，未敢上岸，召程潜、何应钦等登舰面授机宜。他指派第六军第十七师师长杨杰对日本驻南京领事森冈正平说：这次事件非党军领导人之意，"是军队内部不良分子和南京共产党支部成员共同策划制造的"，声称已解散共产党支部，表示愿与英美等国谈判善后问题。

3月26日，蒋介石乘坐的兵舰抵达上海。28日，蒋命交涉员往英、美、日、法、意驻沪总领事馆，就"南京事件"表示"遗憾"。31日，蒋公开宣布："国民革命军是列强各国的好朋友，决不用武力来改变租界的现状"，"保证与租界当局及外国捕房取得密切合作，以建立上海的法律与秩序"。事实表明，这时蒋介石的基本政策是力求适应帝国主义的要求。

当时，上海大资本家已被迅猛发展的工人运动所吓倒，惶惑不安，不知所措。3 月 29 日，蒋介石在会见大资本家代表时表示："决不使上海方面有武汉态度"。接着他任命金融资本家陈光甫为"江苏兼上海财政委员会"主任，钱永铭等为委员。陈光甫即从银钱业借出 300 万元，作为蒋的急需经费。经虞洽卿的疏通，上海商业联合会承诺将"自动捐助"500 万元。此外"借款可另案办理"。当时中外资本家借给了蒋介石 1500 万元，作为经费，还答应将再送 3000 万元作为建立政权的基金。为逃避各地农民运动锋芒而躲到上海的大地主和土豪劣绅，也大力支持蒋采取镇压农民运动的措施。

在帝国主义和大资产阶级、大地主的怂恿和支持下，蒋介石连日召集青红帮头目和新军阀首领，密商以武力实现反共预谋，屠杀革命人民的计划。

 四一二政变与南京政府开场

在中外反动势力的支持下，蒋介石蓄谋发动政变，实行清党反共，屠杀革命者和工农群众，解除工人革命武装，并在南京另立国民党中央和政府，同武汉国民政府对峙。

自 1927 年 3 月底始，"清党"反共会议连日召开。

3月28日，在上海的国民党中央监察委员召开会议，由吴稚晖先行发难，提出举行所谓"护党救国运动"，"纠察共产党员""谋叛国民党"行为。在4月2日的会议上，通过吴提交的"查办共产党"函，又提出要给190余名共产党员和革命分子及"各地共产党首要危险分子"以"非常紧急处置"。

这时，汪精卫回国到达上海，蒋介石虽心有不快，但认为如果能拉汪反共，也算除了一大心病。4月3日，蒋介石发通电表示以后要"独司军令"，所有军政、民政、财政、外交皆在汪指挥下"统一于中央"。3日至5日，蒋介石、汪精卫、李宗仁、白崇禧、黄绍竑、吴稚晖等十余人举行秘密会议，策划"清党"反共。在是否立即反共问题上，汪精卫与蒋、吴等人发生争执。汪主张在南京召开国民党二届四中全会，解决问题，蒋、吴等则要立即反共。这时，共产党领导人陈独秀竟然同汪发表一份"联合宣言"，声称国民党"决无有驱逐友党摧残工会之事"，要求国共两党党员"立即抛弃相互间的怀疑"，实行"开诚合作，如兄弟般亲密"。宣言发表后，汪、陈离开上海去武汉。蒋介石在完成发动政变的部署之后，下令查封迁至上海的国民革命军总政治部机关，宣布上海戒严，从沪调走同情工农的北伐军，派遣刚收编的原浙江军阀周凤岐部第二十六军进驻上海。8日，蒋委任吴稚晖、钮永建等9人组成上海临时政治委员会，正式篡夺了由上海工人武装起义而产生的上海临时市政府的权力。然后蒋介石留下心腹、特务处处长杨虎在沪监督执行政变计划，本人起程赴南京，以电讯联络，遥控政变计划的实施。

蒋到南京后，制造了冲击江苏省党部和总工会事件。4月10日杀害请愿群众数十人，并逮捕了一批共产党员。4月11日，蒋发出密令，要求"已克复的各省一致实行清党"。上海立即响应。当天下午，驻闸北的第二十六军第二师突然在各条街道上大量配置兵力。晚上，杜月笙在华格桌路（今宁海西路）家里，摆开了杀场。他按预定计划，诱骗上海总工会委员长汪寿华到杜公馆赴宴。当汪刚跨入杜家门槛时，就被暴徒猛然撞倒，然后捂住口鼻，装入麻袋，运至沪西活埋。

4月12日凌晨，由"共进会"组织的配备有机关枪、手枪和手榴弹的流氓武装，佩戴白色"工"字臂章，从法租界出发，会同第二十六军便衣队分向闸北吴淞、浦东、南市、曹家渡等处进发，向工人纠察队总指挥处、上海总工会和其他地区共14处工人纠察队发起突然袭击。驻闸北商务印书馆东方图书馆等处的工人纠察队进行了英勇抵抗。蒋事先调沪的第二十六军突然出现，大呼"我们是来调解的"，工人信以为真。反动军队借口调解工人内讧，将2700名工人纠察队员所拥有的1700支枪全部缴械，并同暴徒一起屠杀工人，死伤300余人。13日，全市20余万工人总罢工。一部分工人、市民和学生整队前往宝山路天主教堂第二十六军第二师师部请愿，要求释放被捕工人，发还枪械。当队伍行至宝山路三德里附近时，埋伏的反动军队用机关枪、步枪向密集的游行队伍猛烈射击，当场打死百余人，伤者无数。此时大雨滂沱，宝山路上尸横遍地，血流成河。14日，杀气腾腾的反动军队解散上海临时市政府、中国济难会，接着又取消市总工会、市党部、市妇联、市学联等团体，在全市开始大搜捕，被捕至龙华的有1000多人，大批工人和共产党员被杀害。据不完全统计，三天中被杀害500余人，5000余人下落不明。这就是震惊中外的四一二反革命政变。

蒋介石在策动上海四一二政变的前后，还授意和推动东南诸省及四川掀起反共浪潮，先后发生了一系列屠杀共产党人和革命群众的事件。例如，3月31日，四川军阀刘湘奉蒋密令，镇压重庆集会抗议英美帝国主义炮击南京，反对蒋介石独裁的群众。

继四一二政变后，广州国民党当局组织"广东特别委员会"，从4月15日开始，一个多星期内共逮捕了2000余名中共党员和革命者，著名的共产党员萧楚女、熊雄等200多人惨遭杀害。在蒋介石的老家浙江省，由张静江亲自前往部署"清党"，杭州和宁波等地的大批共产党员和革命者遭到镇压。广西、江苏、福建等省也先后发生清党反共事件，同武汉国民政府分裂。

4月14日，蒋介石纠集了在南京的国民党中央执监委员张静江、吴稚晖、李石曾、蔡元培开"谈话会"，次日非法作出决定：否定武汉国民政府的合法地位，在南京另建国民政府。17日，蒋介石与胡汉民合谋拼凑了一个中央政治会议，由萧佛成、蔡元培、李

·石曾、邓泽如、何应钦等9人任委员，推举胡汉民任中央政治会议主席，钮永建为国民政府秘书长，并决定次日在南京开始办公，同时举行庆祝典礼。

1927年4月18日，"国民政府迁宁"典礼在南京丁家桥原江苏省议会举行。蒋介石、吴稚晖、张静江、胡汉民、柏文蔚、蒋作宾、蔡元培等人出席了典礼。蔡元培代表国民党中央党部授印，胡汉民代表国民政府受印。会上举行了阅兵式，蒋介石、胡汉民等人先后讲话。这标志着南京国民政府的正式开场。这个政府由蒋介石、胡汉民、张静江、吴稚晖、李石曾、邓泽如、蔡元培、李宗仁、何应钦、古应芬、柏文蔚、陈铭枢等12人为委员；胡汉民、张静江、伍朝枢、古应芬为常务委员，还发函请汪精卫、谭延闿来南京行使职权。

蒋介石是南京国民政府的主宰者，但并不担任政府的最高领导职务，只担任国民革命军总司令，恢复被国民党二届三中全会剥夺的总司令职权，以这个政府的武力支柱的代表人物出现。胡汉民是南京国民政府的直接领导者，但未经选举和法定，当时的称呼也不统一。

南京国民政府建立初期，仅是个空架子，政府各部院是逐渐设立的。4月19日决定成立财政部和外交部，分别由古应芬、伍朝枢任部长。5月设交通部，由王伯群任部长。6月设大学院和司法部，由蔡元培任大学院长，王宠惠任司法部长。8月设民政部，由薛笃弼任部长。

南京国民政府是在屠杀革命人民的血泊中建立起来的。它对内发布的头号命令就是"清党"，宣称对各地共产党"首要、次要危险分子，均应从严拿办"，首批通缉名单中有鲍罗廷、陈独秀、谭平山、林伯渠、毛泽东、邓演达等190多名共产党人和国民党左派。蒋介石公开声言：对共产党要用"决绝手段"，不能用"和平法子来解决"。南京政府同武汉国民党中央和国民政府处于对立地位，公开宣布"所有汉口联席会议及中央执行委员会产生之机关所发命令，一律否认"。蒋还宣布军事委员会由广州迁至南京，重新成立国民革命军总司令部总政治部，以吴稚晖、刘文岛为正副主任。

以蒋介石为中心的南京国民政府的成立，使国共两党合作的统一战线遭到严重破坏，国民党陷入了公开的分裂，大革命也从此进入了危急时期。

宁、汉政府由对抗到合流

南京国民政府建立后，宁汉处于对峙状态。这时国内出现以蒋介石控制的南京政权、武汉国民政府与奉系军阀张作霖控制的北京政府，三足鼎立的政权。

南京国民政府占有某些优势，也存在不少困难。当时蒋介石辖有约12万人的军队，只有一部分是嫡系，多数为地方实力派如桂系、粤系等所掌握，有些是收编不久的北洋军阀部队。南京政府占有江苏、浙江、上海等富庶地区，并得到江浙财团的支持，财源比较充足。

蒋介石在对形势作了反复权衡后，不急于西进用兵，而对武汉采取军事包围的态势。他继续抓住"北伐"这面旗帜。1927年4月中旬，直鲁联军先后攻占合肥、浦口等地，大有卷土重来之势。5月初，蒋决定分兵三路继续北伐：第一路由何应钦任总指挥，从镇江攻扬州，直趋淮海；第二路由蒋介石任总指挥，以白崇禧代理，沿津浦铁路对敌正面作战；第三路由李宗仁任总指挥，从芜湖渡江袭击津浦路直鲁联军的侧翼。6月2日，南京军队攻克重镇徐州，直鲁联军大部退入山东，江北孙传芳部也放弃淮阴，退往山东。另外，蒋用拉拢收买手段，唆使贵州、广西、广东、四川各省军阀，准备侵犯武汉，并勾结帝国主义势力，对武汉地区进行封锁和破坏活动。

四一二政变后，武汉政府管辖的地区主要是湖南、湖北、江西等省。汪精卫于4月1日到达武汉后，仍以"左派领袖"的面目出现，掌握党政大权。在共产党人和国民党左派的推动下，武汉地区掀起了声势浩大的讨蒋运动，工农运动也继续高涨。

4月17日，国民党中央下令开除蒋介石的党籍，免去他本兼各职。在武汉的国民党中央执行委员、国民政府及军事委员会委员共40人联名讨蒋，坚决表示"去此总理之叛徒，本党之败类，民众之蟊贼"。工人、农民、市民、学生相继集会讨蒋，发电声讨蒋介石的罪行。两湖地区的工农运动继续发展。武汉工人纠察队有 5000 人、3000 支枪。至 1927 年 6 月，全国工会会员达 290 万人，农民协会会员达 915 万人，其中湖南 451 万人，湖北 250 万人。一些地区出现土地革命的形势，个别地区农民自动起来解决土地问题。

尽管武汉国民党中央和国民政府的领导者们在讨蒋通电、集会演说中对蒋介石进行极严厉的谴责，却没有采取切实有效的措施，回击蒋的背叛行为。大多数共产党员和国民党左派坚决主张出师东征，讨伐蒋介石，但未被汪精卫等采纳。最后经讨论决定，派兵北上对奉军作战。

1927 年 4 月 19 日，武汉政府开始第二期北伐，由唐生智出任北伐军总指挥，21 日沿京汉路向河南进发。5 月中旬，北伐各军集中驻马店地区，向奉军发起总攻。下旬，北伐军 3 个师在临颍十里头战役中，击溃奉军在河南的主力，连克漯河、郾城、临颍、许昌、新郑等地。冯玉祥军也在攻克洛阳后分兵两路向新乡和郑州进击。奉军被迫放弃郑州、开封，全部撤往直隶和山东。6 月 1 日，北伐军与冯玉祥军在郑州会师，4 日占领开封。这标志着二期北伐取得重大胜利。

但是，武汉政府在敌对势力的封锁破坏以及大规模战争的消耗影响下，面临着严重的困难，不仅外交上陷入孤立，内部危机也日趋严重。经济上由于与全国各地的联系中断，物资奇缺，物价飞涨，工厂停工，商店关闭。政府财政收入锐减，靠大量发行纸币应付军政开支。随着工农运动的猛烈发展，国民党中的反共情绪愈加激烈。汪精卫的反动面目日益暴露，逐渐撕掉"左派"的面纱，利用所控制的党政机关，对工农运动发出一系列禁令，以保护地主富农的利益。蒋介石利用武汉政府的困难，加紧分化活动，制造反革命叛乱。5月17日，武汉政府所辖独立第十四师师长夏斗寅在宜昌叛变。5月21日，驻长沙的第三十五军许克祥部发动"马日事变"，大肆屠杀共产党人和革命群众。第二期北伐的初步胜利并不能给武汉政府带来福音。它仍在东、西、南三方受到反动势力的困扰，在北面，虽经第二期北伐，奉系张作霖的军队被逐出河南，但代之而来的是冯玉祥的军队。这时冯拥有兵力25万人，号称50万人。汪精卫认为能否拉住冯玉祥一致行动，关系到武汉政府的存亡。6月10日至11日，汪精卫和冯玉祥等在郑州陇海花园举行会议，双方阐明了对形势的看法，就党务、政治、军事等问题进行了讨论，作出了相应的决议。汪精卫等人企图通过郑州会议拉拢冯玉祥，进行"讨蒋、分共"。尽管汉方对冯方作了许多让步，在"分共"问题上"取得了一致看法"，但冯不同意讨蒋，而是规劝汉方"息争"，主张宁汉联合继续北伐。这次会议是汪精卫等人公开反共的信号。会后，汪精卫急忙把河南交给冯玉祥，将唐生智、张发奎的部队从郑州、开封等地撤回武汉，既为镇压工农运动，也为应付蒋介石的威胁。至此，武汉的第二期北伐计划也就半途而废了。

蒋介石密切注意着汪、冯郑州会议的动态，窥测武汉方面的军事动向。他认为一旦汪、冯联合东征，将会给南京政权以致命打击。当时，南京军队主力集中在江北作战，沪、宁空虚，急需寻找一支实力雄厚的同盟军。冯玉祥此时有着举足轻重的作用，因此蒋介石急切地发起徐州会议，以便联冯制汉。6月19日至21日，蒋、冯等人在徐州花园饭店举行会谈。蒋针对冯急需接济军费，而以金钱作为笼络手段，答应从7月份起按月提供250万元军饷，这是冯从武汉方面求之而不得的。

　　随后，冯玉祥依徐州会议决定，电促汪精卫、谭延闿"速决大计"，宣称宁、汉双方"既异地而同心"，就应"通力合作"。7月15日，汪精卫等召开"分共会议"，决定公开反共。他们指使军队封闭了一切工会、农会和革命团体，在"宁可枉杀一千，不可使一人漏网"的反动口号下，大规模地逮捕、屠杀共产党人和革命人民。宁、汉之间在反共基础上，都表示了"合作"的愿望，出现了合流的趋势；但又各自封为正统，展开争夺权力的角逐。至此，第一次国共合作的革命统一战线最后破裂，国民革命最终失败。孙中山的三大革命政策和反帝反封建纲领被完全抛弃。蒋介石、汪精卫等人虽然口头上还要实行三民主义，但他们把孙中山的基本革命政策，改变"成为相反的政策，使革命党丧失了革命性，变为虽然扯起革命旗帜而实际上却是拥护旧社会制度的机关"。

四　二次北伐　实行训政

　蒋介石下台又上台

　　1927 年七一五事变后，国民党阵营存在三个主要派系：以蒋介石、胡汉民、李宗仁为代表的宁派，以汪精卫、唐生智为代表的汉派，以张继、许崇智为代表的沪派（西山会议派）。宁、汉两方都有军队、中央党部和国民政府，沪派则只有一个中央党部。此外，在北方还有冯玉祥、阎锡山，也以实力为基础，各自成派。宁、汉、沪各派之间，为争夺国民党"正统"的继承权，进行了激烈的争斗。汪精卫联合唐生智组织东征军向南京进逼。蒋介石为对付汉方的进攻，从徐州撤回部分军队，加强在安徽、江西等省的防务，以同汉方对峙；同时继续拉拢冯玉祥站在宁方一边，对付汉方。经过冯玉祥等的斡旋，宁、汉、沪三方有了合流的趋势。

　　由于汉方汪精卫等提出了蒋介石必须下野作为各方和解的条件，也因宁方内部蒋桂之间矛盾激化，8 月 13 日，蒋介石宣布下野，暂避锋芒，以退为进。9 月

28 日，蒋同张群等人东渡日本。宁方的胡汉民、吴稚晖、李石曾、蔡元培等也同时辞职。

8 月 19 日，武汉方面宣布"即日迁都南京"。随后谭延闿、孙科和汪精卫、陈公博等先后到达南京。但因西山会议派的竭力反对，汪精卫也不得不宣告引退。

9 月 15 日，国民党中央执监委联席会议在南京召开临时会议，决定设立国民党中央特别委员会，接管宁、汉双方权力，代行中央职权。16 日，特别委员会成立。17 日，国民政府和军事委员会改组，推定丁惟汾、于右任等 47 人为国民政府委员，以谭延闿、胡汉民、蔡元培、李烈钧、汪精卫为常务委员，同时推定于右任、方振武等 67 人为军事委员会委员，以白崇禧、何应钦、朱培德等 14 人组成主席团，并任蔡元培为大学院院长，孙科为财政部部长，王伯群为交通部部长，王宠惠为司法部部长，伍朝枢为外交部部长。会议通过了《中央党部组织案》、《国民政府组织案》等。9 月 20 日，新产生的国民政府和军事委员会委员同时举行就职典礼。这标志着宁、汉、沪三方的正式合流。

国民党几个主要派别在形式上虽然统一起来，实际上矛盾和斗争仍很激烈。由于特别委员会的组织形式与国民党的组织程序不相符，遭到各地国民党党部的反对；在国民党内仍然有实力或有影响的人物如蒋介石、汪精卫、胡汉民、唐生智等反而失去了原有的职权和领袖地位，因而对它冷眼相待，结果这个特别委员会一开始即处于软弱无力的状态。

9 月 21 日，汪精卫、顾孟余、唐生智等不顾特别委员会的命令，成立武汉政治分会，与中央特别委员会相对抗。唐生智率部由安庆东进，占领芜湖，威迫南京。特别委员会派李宗仁、程潜、朱培德三路西进讨唐，11 月 11 日，西征军占领武汉。在此之前，汪精卫南下广州，与李济深、张发奎联合对抗特别委员会。11 月，广州另树起"国民党中央"的旗号，与南京相对立。

蒋介石到日本的首要目的，是拜见正在日本神户有马温泉养病的宋美龄的母亲倪桂珍，请其允许与宋美龄的婚事。9 月 30 日，蒋等在长崎登岸后，即往神户。在宋子文的安排下，于 10 月 3 日拜谒了宋母。蒋追求宋美龄多年，因他早有妻妾，宋母一直未同意，这次他向宋母表示已确定与妻妾分离。宋母要求他入基督教，赠给圣经一册，蒋答应先研究教义。蒋宋婚事终于得到了宋母的同意。

实现蒋宋联姻，是蒋介石政治生涯的重大抉择。宋美龄祖籍广东海南文昌，是宋嘉树（1866～1919）的第三个女儿，生于 1899 年 3 月 23 日。幼年在家学英文，11 岁时和二姐宋庆龄去美国求学，1917 年于韦尔斯科大学毕业后回国。1922 年 23 岁时，在上海香山路孙中山家中与蒋介石相遇。这时蒋已 35 岁，是个有一妻二妾的中年男子，但从此却对宋追求不舍，常有书信往还，并请她的大姐宋霭龄和大哥宋子文帮助说合。

蒋介石迫切追求与宋家联姻，不仅因为倾慕宋美龄的姿色人品，更重要的是要借助宋氏家族对他争夺政权的作用。宋家与美国政界、财界人士有着广泛而密切的联系，它的巨大财力在江浙财团中拥有相当的信誉和影响。因此在蒋辞职离南京后，迫不及待地要求同宋家结亲。这次到日本，蒋介石终于如愿以偿地实现了梦寐以求的目标。

10 月 23 日，蒋介石到东京后，与日本黑龙会首领头山满会晤，在反共等问题上意见完全一致。11 月 5 日，蒋偕张群到东京青山田与日本首相田中义一会谈两小时，在反共问题上获得支持的保证；但关于继续北伐问题，日本则有意阻挠。

蒋介石在日本的一系列活动，促使美国政府改变了观望态度，积极拉蒋站在自己一边。美国外交代表在上海与蒋方人员频繁接触的同时，其驻日本使节还直接与蒋介石谈判，双方达成默契。美国表示愿以全力支持蒋介石在中国建立政府，统一中国，而蒋政府应尽力保障美国在中国所取得的一切权益，并以极友谊的态度襄助新的措施的建立和发展，等等。在进行重大政治交易之后，蒋改变了出访欧美的计划，于 11 月 10 日由日本回到上海。

1927 年 12 月 1 日，蒋宋在上海举行了极为隆重的婚礼，蒋通过与宋美龄结婚，进一步走上亲美、英的道路。

与此同时，蒋介石利用国民党内各派互相争斗的混乱局面，再度独揽大权。他的首要目标是摧垮中央特别委员会。为了加强力量，蒋采取联汪制桂方针。在蒋汪等派共同反对下，中央特别委员会被迫暂停行使职权。12 月 3 日至 5 日，国民党二届四中全会预备会议在上海举行。会议通过了蒋介石复职的决议。接着胡汉民、孙科等也受排挤退出南京政府，相继出国赴欧美。12月11日，中国共产党发动广州起义。桂系乘机攻击汪精卫，南京政府下令查办。汪被迫离开上海前往法国。张发奎、陈公博也通电下野。蒋介石终于利用各派的矛盾，纵横捭阖，坐收渔利，重新执掌军政大权。

1928年2月2日至7日，国民党二届四中全会在南京召开。蒋介石控制了会议，通过了《改组中央党部案》、《政治委员会改组案》、《改组国民政府案》等，会议推选丁惟汾、于右任等49人为国民政府委员，谭延闿、蔡元培、张静江、李烈钧、于右任为常务委员，谭延闿为国民政府主席。会议决定保留中央政治会议及各地分会，以李济深、李宗仁、冯玉祥、阎锡山分别为广州、武汉、开封、太原4个政治分会主席。3月7日，蒋介石当上了中央政治会议主席。同时改选了军事委员会，推于右任、方振武等73人为委员，指定李宗仁、李济深、冯玉祥、阎锡山、蒋介石等12人为常务委员，蒋介石为主席。这样，蒋介石便以合法的手段控制了国民党的最高权力，为其实行专制独裁统治打下初步基础。

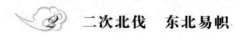

二次北伐　东北易帜

国民党经过二届四中全会，各派矛盾暂时缓解，通过了《限期完成北伐案》，决定再次"北伐"，讨伐奉系军阀。会后，蒋介石加紧整顿军队，并与冯、阎、桂各实力派协调一致，出兵伐奉。

1928年2月9日，蒋介石离宁北上至徐州，将第一路军改编为第一集团军，自兼总司令，调何应钦为全军总司令部参谋长，留驻南京。接着，蒋赴开封与冯玉祥会商，决定把国民革命联军改组为第二集团军，由冯玉祥任总司令；将山西等地的北方国民革命军改组为第三集团军，以阎锡山为总司令，后又将桂系及两湖原有军队改编为第四集团军，以李宗仁为总司令。4个集团军总共有40多个军约70万人，号称百万大军，统归总司令蒋介石指挥。总的作战部署为：第一集团军沿津浦铁路正面北进；第二集团军任京汉路以东、津浦路以西地区的攻击任务，右与第一集团军、左与第四集团军联络，会攻京津；第三集团军出京绥路，进攻保定、石家庄，与第四集团军会师北京；第四集团军沿京汉路北上，直取北京。

当时奉张的安国军，兵力亦号称百万，其部署是：对京汉、津浦两线采取攻势防御，对正太路及鲁西、大名一带采取攻势。张作霖任孙传芳为鲁西、大名方面总指挥；张宗昌、褚玉璞为津浦线正副总指挥；张学良、杨宇霆为京汉线正副总指挥；张作相为京绥线总指挥。参加作战兵力约60万人。

4月5日，蒋介石在徐州誓师北伐。4月9日总攻击令下达后，各路大军挥师北上。第一集团军在津浦线对鲁南发起进攻，进展迅速，先后克复郯县、台儿庄、兖州，27日攻克泰安，大破张宗昌、孙传芳联军主力，5月1日乘胜占领济南。次日上午，蒋介石率总司令部到达济南，在山东督办公署设立总部。同日，南京政府外交部长黄郛也来到济南，在商埠区津浦路局设立临时办公处。

北伐军在山东境内的胜利进军，引起日本帝国主义的敌视，遂制造了震惊中外的济南惨案。从5月3日开始，日军制造事端，肆无忌惮地屠杀中国军民6123人，伤1700多人。蒋介石等人被日军的嚣张气焰所屈服，下令将国民党军撤离济南，绕道渡过黄河，进击北京。5月28日，参加北伐的各集团军展开全线进攻。

在京津危急的情况下，日本为了确保东北的"特殊利益"，逼迫张作霖下野或退守东北，并调集兵力于长城各口，以防北伐军出关。英美等国也希望奉军撤出关外，让国民党军和平接收京、津，避免在这一地区开战。5月30日，张作霖以安国军总司令名义，命令部队撤离京、津，向滦河方向退却。6月3日，张作霖一行30余人乘专车离京返奉。日本关东军密谋置张于死地。6月4日晨，张作霖一行的专车驶至沈阳附近的皇姑屯车站以东、京奉和南满两铁路交叉点时，关东军高级参谋河本大作一手策划预埋的120公斤炸药轰然爆炸，张作霖受重伤后身亡。6月8日，北伐军阎锡山部进驻北京，12日接收天津。继而南京政府决定将直隶省改称河北省，北京改称北平，并以北平、天津为特别市。

在北伐军进占北平、天津后，新疆督办杨增新于7

月 1 日宣布易帜，隶属于南京国民政府。这样，东北的归属问题，成为标志国民党政权能否统一全国的大事。蒋介石积极敦促张学良改旗易帜，将东北归附南京国民政府。

张学良，字汉卿，辽宁海城县人，1901 年生，奉系首领张作霖的长子。1919 年 7 月毕业于东三省陆军讲武堂，授陆军炮兵上校衔。随后晋升旅长，协助张作霖整军。1924 年 9 月第二次直奉战争中任镇威军第三军军长，在山海关一带作战。1925 年春，率部进驻天津，升任陆军上将。1928 年 4 月任奉军正太、京汉线总指挥，与北伐军作战。6 月张作霖被日本炸死后，奉军全线向东北撤退，集结于滦河以东。这时 27 岁的张学良于 6 月 17 日化装秘密回到沈阳，在张作相等元老辅佐下，继任东三省保安总司令，初步稳定了东北局势。他鉴于皇姑屯事件的教训，集国耻家仇于一身，不顾日本的重重压力，于 7 月 1 日通电宣布与南京方面停止军事行动，派代表联络，商谈东北易帜问题。日本多方阻挠东北易帜，但张学良坚决顶住了日本的压力。

经过反复磋商，至 1928 年 11 月，南京方面与张学良代表邢士廉达成四点协议：东北设边防司令长官公署，以张学良为司令长官，张作相、万福麟为副司令长官；设置东北政务委员会，委员人选须经中央同意；东三省及热河省委员人选，由张学良推荐，经中央任命；易帜不能迟于民国十八年（1929）元旦。此外，蒋还答应由南京中央政府每月接济东北军饷 1000

万元，东北党务允俟党员训练完成后再行推进。

经过半年多的曲折斗争，12 月 29 日，东北终于易帜。当天张学良等联名通电全国："于即日起宣布遵守三民主义，服从国民政府，改易旗帜"。辽宁、吉林、黑龙江和热河四省同时换旗。至此，南京国民政府在形式上统一了全国。

 实施训政　建立五院制

1928 年 8 月，国民党举行二届五中全会，宣布"军政时期"结束，"训政时期"开始，声称要由国民党来训练人民行使政权，实际是推行国民党"一党专政"、"以党治国"。会议决定"设立行政、立法、司法、考试、监察五院，逐渐实施"。

9 月，胡汉民、孙科从国外归来，蒋介石出于维护自己统治地位的需要，经过同胡汉民多次密谈，达成了联合执政的协议。胡起草了实行五院制的《国民政府组织法草案》，规定国民政府是在国民党中央的指导监督下，执行训政职责。根据五中全会的决定，10 月 3 日，国民党中央常务会议还通过了《训政纲领》，其要点为："中华民国于训政期间，由中国国民党全国代表大会代表国民大会领导国民，行使政权"，国民党在全国代表大会闭会时，"以政权付托中国国民党中央执行委员会执行之"；中国国民党"训练国民逐渐推行""选举、罢免、创制、复决"四权，国民政府总揽执行"行政、立法、司法、考试、监察"五项治权；国民党中央政治会议"指导监督国民政府重大国务之施行"，修改及解释国民政府组织法。这些规定成为训政时期国民党党政关系的最高原则。这样，蒋介石作为国民党中央政治会议主席，便拥有极大的权力。在这种制度下，人民既不能行使选举、罢免、创制、复决四种政权，也不能使用行政、立法、司法、考试、监察五种治权。也就是说人民的一切权利均被国民党剥夺殆尽。

10月8日，《国民政府组织法》正式公布，其引言声称："中国国民党本革命之三民主义、五权宪法，建设中华民国，既用兵力扫除障碍，由军政时期入训政时期，允宜建立五权之规模，训练人民行使政权之能力，以期促进宪政，奉政权于国民。"该法规定，国民政府在国民党中央政治会议监督下"总揽中华民国之治权"，"以行政院、立法院、司法院、考试院、监察院五院组织之"。同日，国民党中央政治会议还公布了五院组织法。

在拼凑南京五院政府时，蒋介石以封官晋爵、晋调中央供职的手段，对各实力派首领严加控制；各实力派则企图通过五院分立，分享权力。经过台前幕后的算计、策划及紧张的政治交易，10月8日，国民党中央常委会任命蒋介石为国民政府主席兼海陆空军总司令；任命谭延闿、冯玉祥为行政院正副院长，胡汉民、林森为立法院正副院长，王宠惠、张继为司法院正副院长；同时产生了国民政府委员和各部部长，从而完备了国民党政权的政府机构，也使蒋介石正式集党政军大权于一身。

为了取得在国民党内的稳固统治，排除异己，蒋介石一手操纵了于1929年3月在南京召开的国民党第三次全国代表大会。会前产生的406名代表，由蒋指派者211人，圈定者122人，共占代表总数的81.2%。他不顾反对派和各地党部的抵制，操纵大会追认或通过《训政纲领》、《军队编遣大纲》及其他针对反对派而有利于本集团的决议。"三大"决议案规定，国民党对中华民国之政权治权"独负全责"；又说，中国人民"在政治的智识和经验之幼稚上，实等于初生之婴儿；中国国民党者，即产生此婴儿之母；既产之矣，则保养之、教育之，方尽革命之责"。这表明国民党的"训政"，就是剥夺人民权利的一党专政。

尽管蒋介石努力表白自己是孙中山的最忠实信徒，一切遵循"总理遗教"，但是国民党"三大"所作出的决议阉割了孙中山的遗嘱，抛弃了1924年孙中山重新解释的三民主义的革命内容。大会通过的《外交决议案》认为，在实现"真正之统一"之前，要求取消不平等条约是不合适的，公然放弃了反帝旗帜。这些事实有力地说明，这次大会彻底推翻了第一、第二次代表大会所作出的正确决议和制定的各项革命政策，是国民党成为代表大地主大资产阶级利益的政党的标志。这次大会选出的中央执行委员会和中央监察委员会，大量安插了蒋介石的亲信人物，向他屈服的西山会议派人物也纷纷当上了执、监委员。

自此以后，五院成为南京国民政府处理政务的重要中枢机构，也是政府组织系统中的基本组成部分和核心机构。它们分别执行行政权、立法权、司法权、考试权、监察权。在形式上这 5 个机关相互制约，彼此独立。

行政院是国民政府最高行政机关。其职权是执行国家政策，限于管理人民生活以推行国家意志的法律命令。1928 年 10 月 25 日成立。它由正副院长、各部部长、各委员会委员长组成行政院会议。初期行政院设有内政、外交、财政、教育等 11 部，侨务、蒙藏等 4 委员会和秘书、政务 2 处。它的组织机构和权限在不同时期有所变化。

立法院为国民政府最高立法机关。依规定有议决法律案、预算案、戒严案、大赦案、宣战案、媾和案、条约案及国家其他重要事项之权。1928 年 12 月 5 日成立。由正副院长和若干立法委员组成立法院会议。下设法制、外交、财政、经济 4 委员会和秘书、统计、编译 3 处。它在不同时期的中心工作各有所侧重。

司法院是国民政府最高司法机关。1928 年 11 月成立。在政制中开始处于独立地位，负责掌握司法审判、司法行政、官吏惩戒及行政审判职权。由司法行政署、司法审判署、行政审判署和官吏惩戒委员会组成。1931 年 12 月，取消三署，改设最高法院、行政法院、公务员惩戒委员会。最高法院是全国最高终审机关。

考试院是国民政府最高考试机关，掌握考试与铨叙事宜。1930 年 1 月正式成立。由正副院长、秘书、参事二处以及考选委员会和铨叙部组成。1935 年 7 月，国民政府公布"典试法",考试院可依法在各省组织典试委员会。

监察院是国民政府最高监察机关,与考试院一样,是中国独有政府机构。1931 年 2 月正式成立。由正副院长和若干监察委员组成监察院会议。主要行使弹劾权和审计权,下设审计部。

国民政府五院制,从形式上看,渊源于孙中山的"权能分治"和"五权分立"的学说,其实只是一种假托和附会,貌合神离。这一制度,成为南京国民政府的基本制度而相随始终。

 ## 群雄纷争　蒋胡斗法

东北易帜后,南京国民政府在形式上统一了全国,蒋介石掌握了中央统治权,但是各地仍然是新军阀各据一方。蒋、冯、阎、桂四派间的矛盾日益尖锐,围绕着地盘的分配和军队编遣问题展开了激烈的斗争。当时蒋介石的军队占有上海和江苏、浙江等富庶地区,拥有雄厚的经济实力,又据有中央军的金字招牌;冯玉祥部占有河南、陕西、甘肃、青海等省区,虽然拥兵 40 万,地广兵多,但经济困难,财源枯竭;阎锡山占据山西、河北、绥远、察哈尔以及北平、天津,拥兵 20 万,潜力较大;桂系势力从两广伸展到两湖,甚至直达河北的东北部,战线很长。张学良虽然易帜,但东北仍为他的地盘。蒋挟中央之命自重,冯、阎、桂深为不满,但他们彼此之间也有戒心。蒋介石要独揽中央大权，巩固自己的统治地位，就要削除各派的军权，侵吞各省地盘。他打着贯彻孙中山"建国大纲"的旗号，鼓吹"统一军政"、"实施训政"，首先向各地方实力派开刀。二次北伐一结束，蒋介石就打出"裁兵建国"的旗号，企图通过编遣会议实行裁兵，以达到削弱各派力量、扩大嫡系势力的目的。

1929 年 1 月，全国编遣会议在南京召开。国民党中央执监委员，各集团军总司令、总指挥，各派系的代表共 48 人出席。1 月 12 日，会议通过了《国军编遣委员会条例》，成立以蒋介石为委员长的"编遣委员会"。最后确定全国设立 8 个编遣区：中央直属各部编遣区、中央直属海军编遣区、蒋系第一编遣区、冯系第二编遣区、晋系第三编遣区、桂系第四编遣区、东北军第五编遣区、其他西南各地部队为第六编遣区。这种决定无疑有利于蒋介石扩大嫡系，大大削弱其他实力派，从而使矛盾更加激化。

此后，各派之间从明争暗斗，到兵戎相见，发生了连绵不断的战争。1929 年 3 月至 6 月，进行了蒋桂战争；同年 5 月和 10 月，先后发生两次蒋冯战争；当年年终，还有第二次蒋桂战争和蒋唐（生智）战争；1930 年 5 月至 11 月，又爆发了更大规模的蒋、冯、阎中原大战。蒋通过黄埔系掌握中央军，凭借中央权力，依靠帝国主义势力等的支持，先后打败了对手。其中中原大战规模空前，历时 7 个多月，以蒋的胜利、反蒋势力的失败而告终。双方参加战争的兵力达百万以上，战线绵延数千里，死伤 30 多万人。蒋通过这场战争，击溃了阎、冯等几十万军队，使其统治地位得以巩固和加强。

政治上的倒蒋活动，随着战场风云的变化而起落。以汪精卫、陈公博为代表的改组派与以邹鲁、谢持为代表的西山会议派，联合阎、冯等军事实力派，共同策划，于7月13日在北平召开了"中国国民党中央党部扩大会议"，8月7日通过了《扩大会议宣言》和《组织大纲》，推选汪精卫、赵戴文、许崇智、王法勤、谢持等7人组成扩大会议常务委员会。9月1日，扩大会议又通过了《国民政府组织大纲》，宣布成立国民政府，推选阎锡山、汪精卫、冯玉祥、李宗仁、张学良（未参加）、唐绍仪（未就职）、谢持等7人组成国民政府委员会，以阎锡山为主席。9日，阎取"久久"谐音在北平宣誓就职，发表"公平内政、均善外交"的宣言。但张学良拥蒋通电发表后，扩大会议只好搬往太原。10月28日，汪精卫以扩大会议名义公布了一个"约法草案"。但随着反蒋军事的失败，与会分子纷纷离去，扩大会议亦随之烟消云散。

中原战争刚结束，蒋介石忘乎所以，扬言："此次讨逆战事后，深信本党统一中国之局势已经形成，叛党乱国之徒，今后决无能再起"。他从河南前线致电国民党中央党部，提出要立即召开国民会议，制定约法，以便选他为拥有至高无上权力的大总统。回到南京后，蒋又于10月15日宴请胡汉民、戴季陶、孙科等人，商讨召开国民会议问题；与此同时，蒋还就召开国民会议的准备事项向其亲信做了一番布置。但蒋的主张遭到国民党元老、立法院长胡汉民等人的反对，从而发生了激烈的政争。而根据当时的预测，如果选举总统，胡汉民当选的呼声，远远高于蒋介石。蒋感到十分棘手，难以应付，便用军事实力，以势压人，于2月28日夜以宴请的名义将胡诱捕，派兵押解到汤山软禁了起来。3月1日，蒋系报纸纷纷报道胡汉民辞去立法院院长职务的消息，但口径不一，引起人们的怀疑。扣押胡汉民导致了国民党内矛盾的再次大爆发，不仅蒋、胡两派由合作变成对立，也引起国民党外各派政治势力的抨击。南京政府中一些支持胡汉民的中央执监委员亦纷纷离宁赴粤。各方的反蒋派人物陆续聚集广东，形成了宁、粤之间的对立和纷争。

蒋介石面对国民党内外的强烈反对，不得不对召开国民会议的主张加以修改。他发表谈话说，国民会议只制定约法，"总统问题不必提，亦不应提"。继而，国民党中央常务临时会议通过蒋提出的《训政时期约法案》。5月5日，蒋介石在南京召开的国民会议开幕词中，鼓吹训政时期要借鉴和实行法西斯主义，说明他所推行的训政是要步法西斯主义的后尘。

在蒋介石的操纵下，国民会议通过了《中华民国训政时期约法》（以下简称《约法》），计8章89条。这是一个具有宪法性质的文件，它以法律形式肯定了国民党一党专政和蒋个人独裁的合法化。首先，《约法》虽然使用了孙中山《国民政府建国大纲》的一些词句、概念，采用欧美某些资产阶级共和国宪法形式，但本质上是确立国民党一党专政的政治体制。其核心第三章"训政纲领"是从已公布的"纲领"中移植的。其次，它虽在一些条文上允许人民有各种"权利"和"自由"，规定"非依法不得停止或限制"，而实际上后来制定了大量的"法"剥夺人民的权利和自由。再次，约法提高了国民政府主席亦即蒋介石的权力。规定国民政府主席有提名五院正副院长、直接签署公布法律和发布命令之权。最后，关于"国计民生"问题，除一些空洞条文外，没有给人民实际利益，连孙中山"平均地权"的主张也只字不提；《约法》还规定以"国家"和"中央"的名义兴办工厂企业和垄断专利、专卖事业，为官僚资本的发展提供便利条件。此外，为取得反对派及资产阶级自由派的支持，在不妨碍建立一党专政和个人独裁统治的前提下，《约法》也作了某些妥协和让步，如不提出"总统问题"，对"民营"事业"予以奖励及保护"等。《约法》奠定了国民政府在训政时期的基本政治体制，在国民党统治区内维持了18年之久。

蒋介石通过国民会议进一步巩固独裁统治，集党政军大权于一身，加剧了国民党内部各派的矛盾与斗争，由扣押胡汉民而引起的政治风潮愈演愈烈。1931年5月底，汪精卫、孙科与两广将领陈济棠、李宗仁、白崇禧联合，在广州另组国民政府，同南京国民政府分庭抗礼。5月27日，汪精卫等在广州召开了国民党中央执监委员非常会议。他们打着"救护党国"、"打倒独裁"的旗号，通过宣言，另组国民政府，公布了国民政府组织大纲。28日，广州国民政府成立，推唐绍仪、汪精卫、古应芬、邹鲁、孙科为常委，汪精卫任主席。当天，唐绍仪领衔发表政府成立宣言，声讨蒋介石的非法行为。

正当宁粤纷争不止的时候，日本帝国主义发动九一八事变，大举侵略东北。全国人民掀起停止内战、一致抗日的怒潮。形势迫使蒋介石和国民党各派从武力争夺转入和平谈判。但是，粤方坚持蒋介石必须下野，寸步不让。蒋迫不得已再次采取以退为进的策略，在做了一系列的布置后，于 12 月 15 日发表通电，辞去本兼各职。

蒋介石离职后，南京、广州、上海三方中央执监委员于 1931 年 12 月 22 日至 29 日召开国民党四届一中全会。会议对中央政治体制进行了改革，变个人专权为分权、均权：缩小国民政府主席的权力，国民政府主席不掌实权，实际上是虚位元首；实行五院完全分立制；高级官吏任免分散行使。这次中央政制改革，打击了蒋介石继续实行个人独裁的企图。

这次会议同时改组国民政府，选举林森为国民政府主席，孙科为行政院院长，张继为立法院院长，伍朝枢为司法院院长，戴季陶为考试院院长，于右任为监察院院长；还推蒋介石、汪精卫、胡汉民 3 人为国民党中央政治会议常务委员，不负实际行政责任。但是，1932 年 1 月 1 日在南京宣誓就职的孙科政府，无力解决蒋介石等人留下的财政和外交危机，被迫于当月 25 日宣布辞职。这给蒋介石再次出山提供机会。1 月 28 日蒋出面主持国民党中央政治会议，决定由汪精卫、宋子文继任行政院正副院长。3 月，蒋出任国民政府军事委员会委员长兼参谋总长。从此进入了蒋、汪联合执政的时期。

初期外交与改订新约

南京国民政府建立之初，政局动荡，外有帝国主义环视，内有各派争夺与各方军阀拥兵自重，同时中国共产党领导工农起义，展开武装斗争。为了取得帝国主义的支持，南京政府推行了屈辱妥协的外交。

南京政府从成立的第一天起就对帝国主义采取屈辱外交，这充分表现在处理南京事件和济南惨案等方面。1928 年 2 月，南京政府屈从于帝国主义的要求，承认中国人民在南京事件中"损害"了美、英等国的国旗、领事馆和侨民，并捏造罪名，嫁祸于中国共产党人。3 月 30 日，外长黄郛照会美国公使，表示"歉意"，并允负责赔偿一切损失，从而同美国达成妥协，同时与美、法、意等国达成内容相同的协议。1929 年 1 月，蒋介石又授意王正廷与日本交涉济案问题，于 3 月 28 日达成协议，基本内容是：由中日双方派同数的委员，共同调查双方的损失；中国政府负责保护在中国的日本居民，日本在换文后两个月撤兵。这就把日本侵占中国城市，屠杀数千军民的罪行一笔勾销了。

南京政府屈从帝国主义的对外政策，激起全国人民的强烈反对，形成了要求独立自主、反对妥协屈从的潮流。蒋介石为"安抚"人心，加强其统治，命外交部于 1928 年 6 月 15 日发表对外宣言，声称："中国八十余年间，备受不平等条约之束缚。此种束缚，既与国际相互尊重主权之原则相违背，亦为独立国家所不许……今当中国统一告成之会，应进一步而遵正当之手续，实行重订新约，以副完成平等及相互尊重主权之宗旨。"7月7日，南京政府《关于重订条约的宣言》提出对不平等条约分三种情况处理的方案："①中华民国与各国间条约之已届满期者，当然废除，另订新约。②其尚未期满者，国民政府应即以相当之手续解除而重订之。③其旧约业已期满，而新约尚未订定者，应由国民政府另订适当临时办法，处理一切。"

此次"改订新约"是南京政府就关税自主和领事裁判权两个问题向各帝国主义国家进行的一次软弱的外交活动，它是在承认不平等条约的基础上，对这两个问题进行若干条款的修订。除此之外，帝国主义在中国享有的租界、租借地、驻兵、内河航行等特权，并没有触及。美国公使马克谟首先与南京政府财政部长宋子文在北平谈判，并于7月25日签订了《整理中美两国关税关系之条约》，承认中国"关税自主"，但又规定美国仍享有最惠国待遇。随后，南京国民政府同挪威、比利时、意大利、丹麦、葡萄牙、荷兰、英国、瑞典、法国、西班牙、日本等国先后缔结了"友好通商条约"或新的"关税条约"。这些国家在条约中承认中国的关税自主权，但总税务司和各地海关继续为外人把持，因而中国的关税自主并未完全实现，只不过为国民政府统一税则和陆、海关税创造了条件，海关税收有了一些增加。至于废除领事裁判权问题，虽然经过若干交涉，但成效甚微。1931年5月4日，国民政府曾颁布《管辖在华外国人实施条例》，规定自

1932 年 1 月 1 日起实施，九一八事变发生后又通令暂缓实行。废除领事裁判权之事也就此搁置了。

南京国民政府成立初期同苏联的关系恶化。1927 年 12 月，南京政府下令撤销各地苏联领事馆及商业机构。当时苏联政府撤回了广州、上海、武汉、长沙等地领事及商业机构。但东北地区尚不在南京国民政府统辖之下，苏联的领事馆仍然保留。1928 年 12 月，张学良"东北易帜"归附南京。1929 年发生了中东路事件，造成中苏邦交一度完全断绝。

1929 年 5 月 27 日，东北当局秉承蒋介石的旨意，以苏联在中东路"宣传赤化"和苏联在哈尔滨总领事馆召开远东党员大会为由，派军警包围、搜查苏驻哈领事馆，监禁总领事及馆员，没收领事馆文件，逮捕来馆的人员。随后对苏联政府的抗议置之不理。7 月 7 日，蒋介石亲赴北平与张学良策划，随即命令武力占领中东路全域。苏联政府遂于 7 月 17 日宣布与南京国民政府绝交。中苏边境武装冲突随之全面展开。在苏军的进攻下，东北军全线崩溃。蒋介石曾于 11 月希望美、英、法等国进行干涉，组织调查团来华。但苏联拒绝第三者介入，坚持须由两国直接谈判。蒋不得不授意张学良派代表赴伯力与苏方谈判。12 月 22 日，双方签订了《伯力会议草约》，确认：两国立即息争，恢复 7 月冲突以前之状态；关于中东路争议及恢复中苏国交问题，另由中苏会议解决。中苏会议于 1930 年 10 月至 1931 年 10 月共举行 25 次，但始终没有达成协议，九一八事件发生后会议即告停顿。

五　蒋、汪合作重主中枢

 "安内攘外"为基本国策

　　面对严重的内外危机，为维护和加强国民党一党专政，蒋、汪合作，把"安内攘外"确定为具有全局性的战略国策，以"攘外必先安内"作为处理对内对外关系的基本准则。"安内攘外"政策的核心是对内实行武力统一，"消灭反侧"；对外"寻求与日本较长时间的妥协"。蒋一再宣称：第一是"剿匪来安内"，第二"才是抗日来攘外"。他强调"安内是攘外的前提"，"安内"的重点是消灭共产党和红军，"同时也要消灭一般违抗中央的叛逆军阀"。

　　蒋介石第二次下野复出之时，既没有国民党领袖名义，也不是政府首脑，但实际上国民政府仍归他支配。蒋牢固地控制着军队，而南京政权的财政资源、党政要害机关等绝大部分也控制在拥蒋派手里。为了推行"先安内而后攘外"的政策，蒋介石继续采取各种措施，强化国家机器，加强对人民的统治和对抗日民主运动的镇压。

71

蒋介石在中原大战获胜后，立即调集兵力，从1930年至1934年连续向中国共产党领导的革命根据地的工农红军发动了五次反革命军事"围剿"。中央革命根据地在连续粉碎三次军事"围剿"后，赣南、闽西的根据地连成一片，人口达到300万。1931年11月，中华苏维埃共和国临时中央政府在瑞金成立，毛泽东当选为主席。其他根据地也有所扩大。1932年2月蒋介石就任军事委员会委员长后，下决心先抓军权，再及党权、政权，最终集党政军大权于一身，实行独裁专制统治。6月中旬，蒋在庐山召开赣、鄂、豫、皖、湘五省反共军事会议，决定调集81个师29个旅共63万兵力，对红军发动第四次"围剿"。这次进攻遭挫败后，蒋不顾日本帝国主义不断扩大侵略，民族危机日益严重，准备发动更大规模的"围剿"。开办庐山军官训练团，是蒋强化军事力量的重要一环。他说举办庐山军官训练团，"惟一的目的，就是要消灭赤匪，所以一切的设施，皆要以赤匪为对象"。

为配合"围剿"革命力量，国民政府除加强正规军外，还加强地方武装力量，建立了省以下的地方保安机构和保安团、队。1932年，军事委员会颁行《剿匪区内各省民团整纪条例》，统一各地方"民团"的名称、编制和指挥。继而，各地普遍举办"民团"训练班。到1934年6月，仅河南、湖北、湖南、江西等八省的"民团"就扩大到1700万人。

1933年9月，蒋介石又调集100万军队、200架飞机，对红军发动第五次"围剿"。国民党大军压境，中央苏区面临着严峻的形势。主力红军与地方红军虽已发展到 10 万人，但武器缺乏，训练不足，粮食和作战物资奇缺，特别是中共党内"左"倾冒险主义占据主要领导地位，实行"御敌于国门之外"和"短促突击"等错误战略战术，导致红军作战失利，不得不向西转移，进行举世闻名的长征。

但是，蒋介石彻底"剿灭"红军的图谋并没有得逞。1935 年 1 月，中共中央在遵义召开政治局扩大会议，确立了毛泽东在红军和中共中央的领导地位。从此，红军转危为安，战胜了许多艰难险阻，于 1935 年 10 月完成二万五千里长征，胜利到达陕北，开拓了中国革命更加广阔的道路。

与上述进行反共战争的情况相反，在民族危机日益加深的形势下，国民政府对日本的侵略行径作"最大的忍让"，"骂了不还口，打了不还手"。《淞沪停战协定》之后，为集中力量发动反共内战，南京当局对日本帝国主义的进一步扩大侵略，继续采取不抵抗主义，并对长城内外军民的抗战活动进行破坏和镇压，致使大片国土丧失。

1932 年 9 月，在日本帝国主义导演下，东北建立了以末代皇帝溥仪为首的"满洲国"傀儡政权。1933 年 1 月，日军占领了东北门户山海关。3 月，日军占领热河后，向长城各口进攻，激起了全国人民的抗日情绪，并推动了一些部队自动起来抗战。但在南京政府不抵抗政策阻碍下，日军于 5 月中旬控制了长城各口及河北东部。5 月 31 日，南京政府与日本签订了丧权辱国的《塘沽协定》。它实际上默认日本占据东三省和热河的"合法"性，并承认冀东为"非武装区"，中国不能在那里驻扎军队，而日本却可以自由行动，使日本有随时进占平津的可能。

国民政府在推行"安内"政策的名义下，残酷地镇压此起彼伏的抗日救亡运动。工人的反日罢工被禁止，请愿、示威游行的学生，遭到军警的包围、驱散、逮捕甚至杀害。为了镇压民众抗日救亡运动，南京当局还颁布了许多紧急法令，宣布"凡组织团体或集会或宣传与三民主义不相容之主义者，处五年以上十五年以下有期徒刑"。

南京政府在镇压民众抗日运动的同时，还破坏抗日武装，阻止爱国官兵的抗日行动。1933 年 5 月，国民党爱国将领冯玉祥、方振武、吉鸿昌等在张家口成立察哈尔抗日同盟会，遭到了破坏；同年 11 月陈铭枢、蒋光鼐、蔡廷锴等领导的福建人民政府的反蒋抗日斗争也被镇压下去。

南京政府的对日妥协活动，并没有使日本停止对中国的进一步侵略。1935 年夏，日本侵略者胁迫国民政府达成《何梅协定》和《秦土协定》。通过这两个协定，日本实际上已控制了冀、察二省。可是，它贪得无厌，又加紧策动河北、山东、山西、察哈尔、绥远的华北五省"自治运动"。此时，国民政府仍坚持以"先安内后攘外"为基本国策，但也不得不考虑丧失华北的严重后果而谋求某些新的对策。

专制统治与文化控制

在实施"训政"期间，国民党和蒋介石吸取和运用历代封建统治者以及德、意等国法西斯的反动经验和措施，建立了庞大的特务系统，加强对国民党、国民政府和军队的控制，严密防范、镇压共产党的活动，强化对民众的统治，同时推行保甲制度，严密基层统治网。

国民党的特务组织，主要有以 CC 系"党方"组成的"中统"和黄埔系"军方"组成的复兴社。CC 是以陈果夫、陈立夫为首，掌握着国民党党务大权的一个派系。他们以国民党中央组织部党务调查科为基础，逐步扩大，在各省市党部设置"肃反专员"等，形成了全国性特务系统。他们采取种种阴险、卑劣手段屠杀共产党人和进步人士，破坏共产党组织，镇压人民革命运动，置人民于白色恐怖之下。CC 分子竭力控制国民党各级组织，还把持司法、文化教育、宣传系统，千方百计地用封建、法西斯思想禁锢人民。

"军统"是蒋介石控制的另一个特务组织。它是除"中统"以外规模最大、活动范围最广的一个组织，其前身是复兴社的特务处。1932 年 3 月，蒋介石召集黄埔系骨干分子组织中华民族复兴社，亲任社长。它名义上是一个推动民族复兴的组织，而实际上是在国际反共逆流和民族矛盾上升时期建立的一个特务组织。

复兴社设有特务处，由戴笠和郑介民任正副处长。该处的一切计划和行动由戴笠直接向蒋请示报告。它在各省市设有特务站，各站站长由特务处直接派任。戴笠掌管的特务处，以原"总司令部密查组"为班底，由"十多个人发展成为一百多人，以后逐渐发展到近千人"。在蒋介石指挥下，复兴社内成立了力行社作为核心组织，还控制一些外围组织，作为耳目。复兴社的基本信条是"绝对拥护蒋介石"，"彻底消灭共产党"，在中国建立法西斯独裁统治。对其成员灌输"绝对服务领袖"等教义，仿照德、意法西斯的模式，在组织内部实行集权制。它以控制军队为主，直接参与蒋策动和指挥的反共军事行动，并乘机控制其他部门。

与此同时，南京国民政府统治区推行保甲制度，逐步建立严密的基层统治网。保甲组织是县以下的基层行政机构。1932 年 6 月，蒋介石调动大军"围剿"鄂豫皖苏区时，将在江西试行的保甲法规加以修订，于 8 月在鄂豫皖三省接近革命根据地的地区颁布《施行保甲训令》及《剿匪区内各县编查保甲户口条例》。从此，保甲制度被南京国民政府以法律形式正式在湖北、河南、安徽推行，接着又在陕西、江苏、甘肃、宁夏等省推行，其后，国民政府行政院通令各省推行。保甲的编组，以户为单位，十户为甲，十甲为保，依照所谓"管、教、养、卫"的原则进行活动。保甲制度的推行，加强了对城乡人民的控制、束缚和敲诈勒索，形成了从中央到地方严密的"训政"网。

在对红军革命根据地发动军事"围剿"的同时，国民政府统治区亦进行长期的文化"围剿"，打击革命文化，摧残进步团体，迫害进步人士，剥夺革命进步文化的出版自由。从 1929 年到 1935 年，社会科学和文化书刊被国民党当局查禁扣押的达千余种；还通过《危害民国紧急治罪法》，反对国民党反动派的行为被说成"危害民国"，以"叛国"论罪。蒋介石以一种新的专制主义作为推行个人独裁和巩固反动统治的武器。他把西方的法西斯主义与中国封建社会的政治伦理思想相结合，成为具有封建性的法西斯主义，并以此作为对革命文化进行"围剿"的武器。1932 年 11 月，国民政府公布《宣传品审查标准》，接着又通过《新闻检查法》等。国民党特务任意横行，大肆绑架、暗杀革命作家和文化界人士。

为了强化对全国人民的思想统治，蒋介石于 1934 年初在南昌发起一个企图恢复固有道德、达到"民族复兴"的所谓"新生活运动"。他说要国民"明礼义，知廉耻"，"都能过军事化的共同一致的新生活"。这是要用中国固有的封建道德与德意日法西斯的统治手段、资本主义国家的某些生活方式相混合，使人民顺从他的统治，同时也为此号召他的党徒，在"一个主义，一个党，一个领袖"的指挥下，为"安内攘外"政策效劳，巩固专制独裁统治。他把反共军事"围剿"的大本营南昌作为新生活运动的试点，亲自出面，大造舆论，建立组织。至 1936 年，除全国设有"新生活运动促进委员会"外，还有 20 个省、4 个直辖市成立"新运会"，1355 个县设立分会。然而，声势虽大，成效甚微。人民群众并不接受蒋介石和国民政府设计的这种"新生活"。

镇压福建事变和两广事变

1933 年 11 月和 1936 年 6 月，在南京国民政府统治区爆发了抗日反蒋的福建事变和两广事变。蒋介石等人再次运用纵横捭阖的手段，以军事进攻和分化瓦解相结合，先后镇压了这两次事变。

福建事变的主力是第十九路军，它的前身是国民革命军第四军第十师，在北伐战争中战功卓著。1932 年 1 月 28 日，第十九路军在上海进行抗战，威震全国，但触犯了蒋介石、汪精卫的对日不抵抗政策。5 月，国民政府下令将该军的 3 个师分别调离上海，企图将其肢解，遭到多方反对后，改将全军派往福建"围剿"红军。这个军的将领蒋光鼐被任命为驻闽绥靖公署主任，蔡廷锴任第十九路军总指挥兼军长，陈铭枢出国赴欧。第十九路军的官兵从几年的亲身经历中，逐渐看清了蒋介石的反动面目，开始改变拥蒋反共的政治态度。

1933 年 5 月底，南京政府与日本签订丧权辱国的《塘沽协定》后，中华苏维埃政府发表宣言，揭露蒋介石和国民政府的卖国内战政策，重申了联合抗日的条件。第十九路军领导人认识到要抗日反蒋必须联合共产党。这时陈铭枢从欧洲回国，积极奔走于港、粤、闽间，联络和组织抗日反蒋力量。接着，第十九路军派代表到瑞金和红军代表谈判。10 月 26 日，双方订立了《反日反蒋的初步协定》。

1933 年 11 月 20 日，"中国人民临时代表大会"在福州召开，到会的有 25 个省、市和华侨代表百余人以及数万军民。大会通过了《人民权利宣言》、《组织人民政府案》、《制定新国旗案》。大会宗旨为"救护国家，保障人权"。大会认为"国民党政府为买办、军阀、豪绅、地主之反革命政府，且为全民族最可耻之巨敌"，号召全国的革命大众立刻起来，打倒蒋介石御用的南京政府，建立生产人民的民主政权。会后由部分宣布退出国民党的成员联合第三党等组成"生产人民党"，陈铭枢任书记。22 日，福建人民革命政府宣告成立，李济深、陈铭枢、蒋光鼐、蔡廷锴、陈友仁、徐谦、戴戟、黄琪翔、李章达、何公敢、余心清等 11 人为政府委员，李济深任政府主席兼军事委员会主席，陈铭枢任文化委员会主席，余心清任经济委员会主席，陈友仁任外交部部长，蒋光鼐任财政部部长，徐谦任最高法院院长，蔡廷锴任人民革命军总司令兼第十九路军总指挥；改年号为"中华共和国元年"，首都设在福州。

福建人民政府成立后，先后发表了一系列重要文件和政策法令，表明在政治上，要反对帝国主义和封建势力，推翻蒋介石的专制统治，实现人民的民主自由和各民族一律平等；经济上，主张改变封建土地所有制，实行计口授田，奖励工业建设，发展民族资本；在文化教育和外交方面也采取一些新的举措。该政府还同苏维埃中央政府签订了《闽西边界及交通条约》，双方互派常驻代表，加强联系。

福建事变发生后，蒋介石、汪精卫立即采取措施，通令严惩"叛乱"。21日,蒋介石下达讨伐令。南京政府向各国驻华使节发出照会,要求不与福建人民政府发生外交关系,甚至请日本军队等协助镇压。蒋还派遣大批特务、官僚、政客等潜入福建内部,进行分化瓦解。1933年底,蒋自任"讨逆军"总司令,从"剿共"前线抽调5个军12个师约15万人,分三路进攻福建。

福建人民政府本身也存在弱点,在战略策略上发生一些错误,在敌强我弱形势下过高地估计自己的力量。由于迅速放弃闽北,倾全力保卫福州,军事上很快陷于被动,加上内部一些将领纷纷倒戈,南京政府终于在1934年1月镇压了福建事变。

1936年6月初,发生了两广事变。广东、广西的实力派与蒋介石矛盾很深。1936年5月,胡汉民患脑溢血突然病故,两广失去政治重心。蒋介石决定利用时机,采取措施,先取消两广的半独立状态,然后各个击破,消灭异己。广东军阀陈济棠感到与其坐以待毙,不如先发制人,与桂系一起反蒋,以期夺取更大的权力。他看到当时一个可供利用的借口是要求中央领导抗日。6月1日,陈便以西南政务委员会等名义,呈文南京国民政府,吁请抗日。2日,将抗日主张通电全国。4日,陈济棠、李宗仁、白崇禧等西南将领数十人发出通电,成立军事委员会和抗日救国军,由陈济棠任委员长兼总司令,李宗仁为副,出兵湖南,要求北上抗日。

两广事件发生后,蒋介石首先调集军队进入湖南防御，造成两军对垒，一场新的内战有一触即发之势。全国各界对两广事件十分关切，要求南京政府接受西南方面的要求，并呼吁双方克制，希望事件和平解决。南京当局在派兵准备作战的同时，拿出很大一笔经费收买分化陈济棠的部下。7月6日，广东空军黄志刚等40多人驾机投蒋，联名通电谴责陈济棠等借抗日为名，反叛中央。第二军副军长李汉魂也称病"封金挂帅"，弃职而去。蒋还策动粤军第一军军长余汉谋反戈一击。陈济棠陷入了众叛亲离的境地。南京当局乘机召开国民党五届二中全会，决定撤销西南执行部和西南政务委员会，免除陈济棠本兼各职。会议还改任余汉谋为广东绥靖主任，任命李宗仁、白崇禧为广西绥靖正、副主任。这样，广东落入蒋介石之手，李宗仁等回到广西。

广东问题获得迅速解决，蒋介石又企图进一步摧垮桂系。他随即改变决定，电令白崇禧出洋考察，李宗仁调南京军委会任职。李、白复电指出"墨沈未干，自毁信誉"，"殊难遵命"。蒋又改调李为军委会常委，白为浙江省主席，要他们离开广西，派黄绍竑任广西绥靖主任。李、白接电后，决定破釜沉舟，与蒋周旋到底。他们动员十多万军队准备作战，同时注意策略，邀请各方人士到广西共商大计。形势骤然吃紧，蒋介石调兵遣将，准备武力解决。此时全国各界一致反对内战，中国共产党呼吁国民党"兄弟阋于墙，外御其侮"，停止内争，用和平协商解决争端，一致对外。蒋被迫收回成命。9月17日，蒋介石和李宗仁在广州会晤, 广西问题得到和平解决。至此, 两广事变也告终结。

4 财经措施与官僚资本

抗战前训政时期的财政经济状况比较复杂。蒋介石和国民政府不断发动反共战争和进行消灭异己的混战, 军费不断增加, 外债日多, 财政赤字巨大。他们采取一系列经济政策和财政措施, 包括改革税收制度, 进行币制改革等, 收到了一些效果, 使社会经济有某些缓慢的发展。训政时期约法和其他法规有助于帝国主义对中国的经济扩张, 更给官僚资本垄断国民经济提供合法依据, 但也不能不给民族资本留存一些发展余地。

国民政府所推行的对外政策, 助长了帝国主义的经济扩张, 成为国民经济恢复和发展的障碍。日本侵占东北, 从经济上来说, 使中国失去了占全国总量79%的铁、93%的石油、55%的黄金、23%的电、41%的铁路、37%的对外贸易, 以及大量的资源和财产, 这对中国的民族经济是巨大的打击。

同时, 1929年至1933年世界资本主义爆发了严重的经济危机, 帝国主义各国加紧对中国输出资本, 到1936年, 在中国的外资已达43亿美元。外国资本控制了中国的绝大部分重工业, 轻工业的投资增长速度也超过了民族资本。这时中国的煤炭、钢铁、电力、铁路、轮船航运等, 都被帝国主义垄断。即使中国比较发达的轻工业部门，外资也占有优势。它们占有纱锭总数的 46.2%，线锭的 67.4%，布机的 56.4%。帝国主义加紧对中国进行商品倾销，特别是农产品的倾销，严重打击了中国的农业生产。特别是美国以"救灾"等名义大量倾销剩余的米、麦、面，后果更为严重。中国进出口贸易额不断下降，从 1931 年的 36.5 亿元，降至 1936 年的 16.4 亿元。

南京国民政府成立后，蒋介石和宋子文、孔祥熙、陈果夫、陈立夫以及他们的亲属，成为显赫的当权人物，通称"四大家族"。以他们为首的国民党军政显要人物，凭借政治特权，用强制掠夺的手段，逐渐建立起官僚资本集团。这个集团所拥有的企业，除一部分为个人所有外，大部分以国家资本主义的形式出现，奠定了蒋介石政权的经济基础，亦是"训政"经济的一个特点。他们从控制国家的金融体系开始，继而大量投资工商业，利用政治权势和通货膨胀，大量掠夺和聚集财富。

这个官僚资本集团首先垄断了中国的金融业。1928 年 11 月，在上海成立了中央银行，号称国家银行，有经营国库、发行钞票和经营内外债等特权。原有资本 2000 万元，后扩充为 1 亿元。宋子文、孔祥熙先后担任中央银行总裁。对原为北洋政府金融支柱的中国银行和交通银行，南京政府用加入官股的办法加以控制，由宋、孔支配。1935 年 4 月，南京政府又在鄂豫皖赣四省农民银行加入官股，改名为中国农民银行，由蒋介石兼任理事长。农民银行后来成为陈果夫、陈立夫控制的金融资本的核心。据 1936 年统计，上述四大银行的资产总额占全国银行资产总额的 59%，发行的兑换券占 78%。他们还进一步垄断全国的工商业，控制和操纵交通运输业、电业、农业及国民经济的其他部门。

尽管如此，由于进口关税的提高，币制的统一，1935 年 10 月开展的"国民经济建设运动"，以及民营工业所占比重还比较大等原因，国民经济仍呈发展趋势。在工业方面，1936 年全国工业总产值达到 122.74 亿元，比 1927 年增加了 83%。1936 年，不计东北，民族工业资本约有 14.48 亿元，为官僚资本的 4.3 倍，与外国在华工业资本（14.51 亿元）相当；但若包括东北，则只有外国资本的 74.4%。在交通运输业方面，铁路在 10 年内由 8000 公里增至 1.3 万公里，公路增加更多。

南京国民政府不反对封建土地所有制，没有触动地主豪绅的权益，还一再申令："承认业主地权，保持目前农村秩序。"蒋介石还说："吾人应绝对取消共产党阶级斗争的抗租、罢工、怠工、减工之亡国灭种之政策。""今日不患地主、资本之压迫农民，而反恐农民之转而压迫地主、资本。"南京政府的政策致使整个农村的土地关系继续恶化，广大农民的负担越来越沉重，除田赋正税成倍增加外，一般省份附加税超过正税几倍以至高达 30 倍。只是到后来，为了抵消革命影响，保证税源，国民政府才对农业采取了一些措施，如在一些地区组织合作社，发放农业贷款等。据统计，从 1933 年至 1936 年，全国农业总产量平均每年增长1.5%，1936 年，一些农产品如甘薯、小麦、高粱等，达到 1931 年以来的最高产量。

在南京国民政府统治下，广大工农群众过着十分艰难的生活。革命高潮时工人争取来的一些民主自由被取消，一些经济利益也被逐渐剥夺。多数人的工资减少而劳动时间延长。工人的劳动条件恶劣，经常受失业所威胁。农民的处境更加悲惨，正常年景生活难以维持，而连绵不断的新军阀混战和水旱灾害，更造成广大农民损失惨重，甚至家破人亡。

六 制定宪草 转向联共抗日

宪政的筹备与中止

南京国民政府对日本的一再妥协退让，不仅不能满足侵略者的欲望，反而助长了日本军国主义侵华的更大野心。1935年，驻华日军策动华北各省脱离南京中央政府，实行"自治"。这使中华民族危亡迫在眉睫，民族矛盾急剧上升为主要矛盾，国内阶级关系发生相应的变化。至此，蒋介石国民党不能不考虑，华北一旦成为东北第二，将使其整个统治发生动摇。他们开始着手调整对内对外政策。

国民党当局曾声称，训政时期不长，将很快过渡到宪政时期。1929年宣布训政期限为6年，即到1935年便应结束训政，召开国民大会。九一八事变后，各界人士要求国民党"结束训政，实行宪政"。国民政府中的某些人士也表示赞同。孙科于1932年4月发表《抗日救国纲领草案》，提出"于最近期间，筹备宪政之开始"。1933年1月，国民政府立法院成立以孙科为首的宪法起草委员会。同年6月，宪草初稿完成后，按蒋介石的旨意进行修改，将其中的国家体制采用内阁制改为总统制，由总统负实际责任；又将总统由选民直接选举改为国民大会选举。在以后的审议中，根据蒋的授意，删去了"军人非解职不得当总统或副总统"的条文，为蒋垄断中央大权创造条件。自1935年5月第一次华北事变到11月的第二次华北事变之后，抗日救亡运动在全国日益高涨。蒋介石对日妥协退让的政策已难以为继，国民党内各派系在对日问题的态度上进一步分化。许多有识之士力主调整政策，一些爱国将领请缨抗战。以蒋介石为首的英美派也不得不顺应时局的发展和人民的意愿，在对日政策等方面发生了某些变化。1935年11月12日至23日，中国国民党第五次全国代表大会在南京召开。由于国难深重，国民党内外呼吁"立息内争"，这次大会出席代表为历届最多的一次，出现了比较团结统一的局面。例如，冯玉祥、阎锡山在蒋介石邀请下赴会；两广的陈济棠、李宗仁、白崇禧派代表出席；宋哲元、韩复榘致电表示"服从中央"，并要求"开放政权"。11月19日，蒋介石发表对外关系演说，声称："复以不侵犯主权为限度，谋各友邦之政治协调，以互惠平等为原则，谋各友邦之经济合作。""和平未到完全绝望之时，决不放弃和平；牺牲未到最后关头，亦决不轻言牺牲"。但他又说："和平有和平之限度，牺牲有牺牲之决心"，若到了和平绝望之时与牺牲最后关头，"即当听命党国，下最后之决心"。这表明，蒋介石与国民政府对中日妥协既抱有幻想，随着与日本帝国主义矛盾的加深，也有可能修改对日政策的新动向。国民党的对日政策已开始发生某些变化。在有关对日问题上，此次大会宣言提出："如国家已至非牺牲不可之时，自必决然牺牲，抱定最后牺牲之决心，对和平为最大之努力。"大会宣言还提出："开宪治，修内政，以立民国确实巩固之基础"，"国民大会须会于二十五年（即 1936 年）以内召集之，宪法草案并须悉心修订，俾益臻于完善"。大会通过了《切实推行地方自治以完成训政工作案》、《召集国民大会及宣布宪法草案》等决议案。

1936 年 5 月 5 日，国民政府公布《中华民国宪法草案》，亦称"五五宪草"，共 8 章 148 条。主要内容是：①采取权能划分原则，即中央政权由国民大会行使，中央治权由总统和五院行使；②总统对国民大会负责，行政院院长与各部会长均由总统任免，对总统负责；③国民大会为中央惟一的政权机关。但到 1937 年 4 月，修正后的《国民大会组织法》和《国民大会代表选举法》又规定对"五五宪草"进行重要删改，限定"国民大会"只有通过宪法的职能而无其他职权。同时还规定国民政府大量增加指定国大代表名额。国民党中央执行委员会委员和候补委员、中央监察委员会委员和候补委员均为国大的当然代表。这就清楚地表明，热闹了几年的制宪和"还政于民"的表演，实际上是国民党在新的历史条件下维持一党专政的手段。

国民政府训政的要点，还有地方自治问题。蒋介石国民党附会孙中山关于地方自治的主张，除大肆宣扬外，曾制定了一些实施办法和计划，但实际成效甚微。这次大会以后，地方自治也无任何实际进展。

国民党当局一再推延召开国民大会通过宪法，七七事变发生后则一度完全中止。抗战期间虽也曾多次酝酿，但终无结果。训政时期由 1928 年下半年开始，到 1948 年 5 月蒋介石出任"行宪"总统止，共历时 20 年。

尽管如此，国民政府在国民党"五大"及其以后出现的变化仍是较为明显的，采取了某些具有两面性的政策，并逐渐向联共抗日的方向转变。

在国民党五届一中全会上，推选胡汉民、汪精卫、蒋介石、冯玉祥等 9 人为常务委员，主席胡汉民，副主席蒋介石。会议决定将中央政治会议改为中央政治委员会，为政治之最高指导机关。推选张静江等 25 人为中央政治委员会委员，汪精卫为主席，蒋介石为副主席。会议推选林森为国民政府主席，蒋介石为行政院院长。在改组行政院时，亲日派遭到削弱，亲英美派人物增加，在政府机构中罗致了王世杰、翁文灏、蒋廷黻等"学界名流"，表现出一点开明姿态。

 调整内外政策，采取抗战措施

由于国难当头，已严重地动摇到国民政府的统治。一些国民党将领及有识之士，"憬悟于亡国之可怕与民意之不可侮"，推动当局调整内外政策，进行一些抗战的准备。

九一八事变后，国民政府把希望寄托在国际联盟身上，幻想由国际力量来阻止日本的对华侵略，结果大失所望。美国曾表示，只要日本不损害美国在华利益，美国对日本侵华不予干涉。英法等国也相继效法。南京当局为了巩固政权，谋求经济和国防建设，也广泛寻求国际援助与合作。美、英、德、意等国给予了一些援助。德国派出军事顾问来华，帮助训练和装备军队，但主要用于"围剿"红军。

南京国民政府与苏联于 1932 年 12 月恢复了外交关系，华北事变后两国关系日益密切。1935 年秋，国民政府采取措施，改善同苏联的关系，调整与中共的关系。10 月 25 日，南京成立中苏文化友好协会。蒋介石派陈立夫多次会见苏联驻华大使鲍格莫洛夫，并秘密赴苏谈判，谋求与苏联政府达成协议。国民政府驻苏使馆人员，同中共驻共产国际代表团接触，建议国共谈判。陈立夫还委派铁道部次长曾养甫具体负责与中共联络。次年 1 月，宋庆龄受宋子文的委托，派董健吾牧师，秘密到达陕北瓦窑堡，传递了国民党愿意谈判的信息。

中国共产党适应变化了的形势，及时调整对蒋介石、国民党的政策。1935 年 12 月，毛泽东在瓦窑堡主持召开中共中央政治局会议，制定了建立最广泛的抗日民族统一战线的新策略。1936 年 5 月，中共中央发出《停战议和一致抗日通电》，主张"在全国范围，首先在陕甘晋停止内战，双方互派代表磋商抗日救亡的具体办法"。此后，中共放弃"反蒋"口号，采取"逼蒋抗日"方针，为国共谈判奠定基础。7 月，中共中央通过几条渠道了解并研究国民党的动向后，认为

"南京已开始了切实转变，我们政策重心在联蒋抗日"。
8月25日发表《中国共产党致中国国民党书》，直接
呼吁立即停止内战，"开始具体实际的谈判"，同时派
潘汉年等同国民党代表陈立夫等进行正式谈判。

　　南京当局一方面继续坚持反共内战，拒绝中国共
产党团结抗日的倡议，另一方面由于日本侵华严峻局
势所迫，也采取了一些防范与抵抗日本扩大侵略的办
法。在1936年7月10日召开的国民党五届二中全会
上，蒋介石进一步解释今后的外交方针："中央对外交
所抱的最低限度，就是保持领土主权的完整，任何国
家要来侵扰我们领土主权，我们就绝对不能容忍，我
们绝对不订立任何侵害我们领土主权的协定。再明白
些说，假如有人强迫我们签订承认伪国等损害领土主
权的时候，就是我们不能容忍的时候，就是我们牺牲
的时候。"此后国民政府在对日本的外交交涉中，已不
是惟命是从，而是据理力争了。外交部部长张群在同
日本谈判时，提出"以完整华北行政主权为今日调整国
交最低之限度"，拒绝日本胁迫承认伪满洲国的无理要
求，同时提出废除《淞沪协定》、《塘沽协定》、冀东伪
政权，日本飞机不得在中国领空任意飞行等要求。由于
日本侵略者的无理要求受到国民政府的抵制，中日谈判
陷入僵局。

　　国民党五届二中全会还决定成立国防会议，"讨论
国防方针及关于国防各重要问题"。蒋介石任国防会议
议长，成员有阎锡山、冯玉祥、李宗仁等32人。接着
开始对陆军进行调整。至1937年7月，陆军实际调

整、整理共 85 个师又 9 个独立旅。同时进一步加强空军力量，至 1936 年底，共有飞机 600 余架，机场 262 个。南京国民政府还加紧修筑国防工事，明令实行兵役法，训练新兵及壮丁和高中以上的学生等，加强国防工业和交通建设等。这一切对抗日有着一定的积极作用。

 ## 西安事变 时局转机

在民族危机更加深重的时刻，南京国民政府不顾全国民众停止内战一致对外的要求，继续进行军事"剿共"。为了"剿灭"长征到达陕北的红军，在西安设立西北"剿匪"总司令部，蒋介石亲自任总司令，指定张学良为副总司令。在国共两党开始谈判后，南京当局仍然继续进行内战，不断增兵，企图乘红军立足未稳之时，把红军扼杀在陕北。

南京政府的倒行逆施，遭到全国人民的强烈反对。1935 年 12 月 9 日，北平学生五六千人举行大规模的抗日救亡示威游行。一二·九运动虽遭到国民党当局的阻挠与镇压，但有力地揭露了日本帝国主义的侵略阴谋和国民政府的误国行径，进一步推动全国抗日民主运动蓬勃开展。南京政府统辖的一部分军队官兵，也对"安内攘外"政策强烈不满。

当时驻防陕西的东北军和西北军（第十七路军），与坚持"安内攘外"政策、蓄意削弱异己的蒋介石有着深刻的矛盾。他们奉命在陕北进攻红军，又都遭到红军的沉重打击，深感"剿共"没有出路。在中国共产党抗日民族统一战线政策的影响下，东北军和西北军相继走上了联共抗日的道路，也促进了张学良、杨虎城之间的团结。这样，红军与东北军、西北军"三位一体"联合抗日局面，在西北地区得以实现。这是蒋介石的"安内攘外"政策不能相容的。

当两广事件解决后，1936 年 10 月下旬，蒋介石匆匆飞抵西安，强行布置张学良、杨虎城继续"剿共"。同时，他将两广事变时南进的部队纷纷北调，在平汉路、陇海路一带集结数十万军队，待命向陕甘进发，并调动飞机 100 架，随时准备投入内战。蒋介石对东北军、西北军官兵扬言，凡"不积极剿共而轻言抗日"者，要"予以制裁"。蒋在 10 月底飞往洛阳进行军事部署后，又于 12 月 4 日，再赴西安，以临潼华清池作为"行辕"，威逼张学良、杨虎城服从他的"剿共"命令，进攻红军。张学良、杨虎城坚决反对蒋介石的"安内攘外"政策，而"主张攘外安内，就是对外就能安内"。他们已经下决心联共抗日。在"苦谏"遭到拒绝后，毅然进行"兵谏"。

1936 年 12 月 12 日凌晨，按张、杨商定的计划，东北军一部分包围华清池，扣留蒋介石并移送西安新城大楼。第十七路军同时行动，控制西安全城，拘捕了陈诚、蒋鼎文、卫立煌等十多名军政要员。当天张、杨向全国发出通电，说明事变动机完全在于抗日救国，对蒋本人"保其安全，促其反省"。通电提出八项主张：①改组南京政府，容纳各党各派，共同负责救国；②停止一切内战；③立即释放上海被捕爱国领袖；

④释放全国一切政治犯；⑤开放民众爱国运动；⑥保障人民集会、结社一切政治自由；⑦确实遵行孙总理遗嘱；⑧立即召开救国会议。

西安事变的发生，举世关注。张学良迅速致电中共中央，希望派来代表共商大计。中共中央经过研究确定促进和平解决事变的方针，派周恩来、博古、叶剑英组成代表团，于 12 月 17 日到达西安。12 月 22 日，南京方面宋子文、宋美龄到西安，代表蒋介石与张学良、杨虎城谈判，周恩来作为中共中央全权代表参加谈判并会见蒋介石。经过两天谈判，在各方面的努力下，达成改组国民党与国民政府、停止"剿共"政策、联合红军抗日等六项协议，蒋介石表示承认，并许诺说"决不打内战了，我一定要抗日"。

西安事变的和平解决成为时局转移的枢纽，对于促进国共两党合作起着重要作用。然而，12 月 26 日蒋介石一行返抵南京后，立即违背诺言，将张学良判罪并囚禁，引起政治局势的新动荡。周恩来等在困难条件下进行细致的工作，基本上保持了西安事变和平解决的成果。由于中国共产党继续执行正确方针和全国各阶层人民的强烈要求，停止内战，共同抗日，已成为不可抗拒的历史潮流。1937 年 2 月，中国国民党召开五届三中全会。中共中央发出《给中国国民党五届三中全会电》，提出实现国共合作抗日的五项要求和四项保证，强调：当此日寇猖狂，中华民族存亡千钧一发之际，本党深望与贵党两党合作团结御侮。国民党内的民主派宋庆龄、何香凝、冯玉祥等赞成中共的主张，在会上提出："恢复孙中山先生手订的联俄、联共、扶助农工三大政策案"。经过一番激烈争论，否决了亲日派汪精卫提出的"坚持剿共政治决议案"。在会议决议中虽对中共有诬蔑之词，但对内外政策做了不少改变，如对内基本上确定了停止内战，同意与中共谈判的方针。

关于对外政策，国民党五届三中全会指出："对外则决不容忍任何侵害领土主权之事实，亦决不签订任何侵害领土主权之协定。遇有领土主权被侵害事实之发生，如用尽政治而无效，危及国家与民族之根本生存时，则必出以最后牺牲之决心，绝无丝毫犹豫之余地。""如果让步超出了限度，只有出于抗战之一途"。这表明其对日抗战的坚决态度。

西安事变的和平解决，意味着国共两党的内战基本结束，并为两党的重新合作，创造了必要的前提。国民党五届三中全会虽然没有表明根本放弃反共立场，但其政策已有明显转变，即由"武力剿共"改变为"和平统一"。三中全会以后，蒋介石又就开放言论、集中人才、赦免政治犯等问题，发表谈话，部分地接受了中国共产党的要求。蒋介石、国民党在政策上的转变，对于抗战局面的形成有重要的意义。毛泽东曾指出："当时，中国国民党也逐渐改变了它的政策，逐渐转到了团结抗日的立场。假如没有国民党政策的转变，要建立抗日民族统一战线是不可能的。"这些事实标志着国民政府"攘外必先安内"政策的终结及国共合作统一战线的初步形成。

七 抗战初期的举措

 国共合作 抗日御侮

从七七事变到八一三事变，标志着全国抗战的爆发。大敌当前，国共两党实现了第二次合作，全国出现了团结抗日的局面。

日本帝国主义侵占东北，闯进华北后，在1937年7月7日制造借口，对北平西南的卢沟桥发动进攻，挑起全面侵华战争。

卢沟桥在北平城西南约16公里处，横跨永定河，是陆上出入京师的交通要道，历史上是兵家必争之地，有诗云："可怜无定河边骨，犹是深闺梦里人"。在七七事变前，北平已处于日伪的包围之中，卢沟桥成为北平通往南方的惟一要道。1937年春夏以后，日军不断在此附近搞军事演习，有意挑起事端，几次几乎与中国守军发生冲突。7月7日夜间，日军再次进行军事演习。在即将结束时，日军借口听到离桥不远的宛平城内有枪声，提出要到城内搜查一名失踪的士兵。这一无理要求遭到中国守军第二十九军拒绝后，日军向宛平城发起进攻，并炮击卢沟桥。中国守军忍无可忍，第一一〇旅旅长何基沣指挥守城部队吉星文团奋起抵抗，在营长金振中率领下，打退日军对宛平的进攻。这就是闻名中外的七七事变，也称卢沟桥事变。这是日本长期推行"大陆政策"的必然结果，也是日本全面侵华的开始。中国军队在卢沟桥奋起抵抗，揭开了全国抗战的序幕。

　　七七事变的第二天，中共中央发布了《中国共产党为日军进攻卢沟桥通电》，宣告"平津危急！华北危急！中华民族危急！只有全民实行抗战，才是我们的出路！"呼吁"国共两党亲密合作抵抗日寇的新进攻"。9日，中国工农红军通电要求国民政府，速调大军增援第二十九军，表示红军愿即改名为国民革命军，受命为抗日前锋，与日寇决一死战。7月13日，中国共产党向国民党送交了《中国共产党为公布国共合作宣言》，提出了国共合作的三项基本政治纲领：迅速发动全民族抗战，实现民权政治，改善人民生活。宣言重申了中共为实现国共合作的四项保证：为实现孙中山的三民主义而奋斗；停止推翻国民党政权和没收地主阶级土地的政策；取消苏维埃政府，改称特区政府；取消红军番号，改编为国民革命军。

　　七七事变推动全国抗日救亡运动迅速高涨。7月17日，蒋介石在庐山发表讲话，提出解决卢沟桥事件必须维护中国主权和领土完整等四项条件，严正表示："过去数年中，不惜委曲忍痛，对外保持和平。"现在"卢沟桥事变的推演，是关系中国国家整个的问题"。

"如果战端一开，就是地不分南北，人无分老幼，无论何人，皆有守土抗战之责，皆应抱定牺牲一切之决心。"在此之前，共产党曾派周恩来等在庐山等地与蒋介石和国民党就两党关系、改编红军、边区改制等主要问题进行实质性谈判，但未能达成协议。蒋发表谈话的当天，中共代表周恩来、秦邦宪（博古）、林伯渠再上庐山，与国民党代表蒋介石、邵力子、张冲等继续谈判。由于蒋介石在红军改编问题上，坚持控制人事指挥权和由南京派任三个师的参谋长等，双方仍然没有达成协议。

七七事变后，日本新任首相近卫文麿决定增兵，扩大侵华战争。7月28日，日军集结大量兵力，在数十架飞机轮番轰炸及坦克、大炮支援下，对北平近郊实施总攻击。第二十九军与敌激战，伤亡惨重，副军长佟麟阁阵亡，一三二师师长赵登禹在突围中牺牲。7月29日和30日，北平和天津相继沦陷。

日本为迅速摧毁中国政治、经济中心，使中国失去抵抗力，以达到速战速决的目的，8月13日，再次在上海挑起战端。日本军舰突然炮击闸北，日军越过两军对峙线，发动了对上海的大规模军事进攻。中国驻军奋起抗击，开始了淞沪抗战，也即八一三事变。这使日本和国民政府及英美的矛盾更加尖锐，蒋介石集团也表现出较卢沟桥事变时更加积极的态度。14日，南京国民政府外交部发表《自卫抗战声明书》，声明："中国为日本无止境之侵略所逼迫，兹已不得不实行自卫，抵抗暴力。"

在此期间，中共中央已应国民党邀请，派周恩来、朱德、叶剑英参加南京国防会议，并同国民党继续谈判。由于八一三淞沪抗战爆发，华北战场形势日趋紧张，蒋介石迫切希望红军出师抗战，牵制日军，因而同意红军改编后，完全由中国共产党指挥。8月22日，国民政府军事委员会正式宣布红军编为国民革命军第八路军，旋即改称第十八集团军，红军改编为新四军。

9月22日，国民党中央通讯社发表了《中国共产党公布国共合作宣言》。第二天，蒋介石发表谈话，赞扬中共宣言所举各项，"皆为集中力量，救亡御侮之必要条件"。他强调"在存亡之秋，更不应计较过去之一切，而当使全国国民彻底更始，力谋团结，以共保国家之生命与生存"。这就在事实上承认了共产党在全国的合法地位，表明国共两党第二次合作的正式形成。

中国共产党为确定一个抗日救国的共同纲领而努力。1937年8月，中共中央向全国提出了《抗日救国十大纲领》，作为本党的抗战纲领，国民党拒绝上述纲领，而在1938年3月制定了《抗战建国纲领》，作为国民党的抗战纲领。国共两党在抗日目标、军事、外交和经济政策等方面，有一致或相近之处；但在抗战目的、政治改革、发动民众、改善人民生活等方面有原则区别。在国共合作的形式问题上，两党虽多次协商，但未能完满解决。两党只得采取不成文、不固定、遇事协商谈判的特殊合作形式。国共两党在抗日目标一致的前提下，各自掌握着武装力量，领导着政权。两党经过调整政策，彼此结束国内战争状态，成了友党友军的关系，但两党的阶级属性没有变，各自统辖地区的社会性质也不同。尽管如此，抗战初期国共两党关系有较大改善，在政治、军事、经济、外交上进行了比较密切的合作。为了抗击日军的侵略，国共两党经过协商确定，国民党担负正面战场作战，中共主要负责敌后侧击日军的任务，逐渐形成了对日作战的两大战场。由于国共两党的共同努力，全国形成了空前未有的民族觉醒和民族团结的新局面，为持久抗战创造了有利条件，为争取抗战胜利奠定了基础。

 抗战部署　谋和受挫

自 1935 年华北事变后，国民政府在华北平绥、陇海、津浦铁路沿线，修筑了三道防线，又派京沪警备司令张治中主持构筑吴江到福山、无锡到江阴、乍浦到嘉兴等三道国防工事，到七七事变前已完工。

抗战爆发后，国民党当局设立国防最高会议，统筹抗战事宜。8 月 12 日，举行国防最高会议和党政联席会议，决定蒋介石为陆海空军大元帅，以军事委员会为抗战最高统帅部。另设国防参议会，由汪精卫任主席，"网罗各党派及社会名流为参议员"。

为加强具体的军事指挥，8 月 20 日，国民政府军委会颁布了全军战斗序列：军事委员会委员长蒋介石，参谋总长程潜。全国划分为 5 个战区：第一战区为河北、鲁北地区，司令长官蒋介石（后由程潜继任），下辖第一、二、十四集团军；第二战区为晋察绥地区，司令长官阎锡山，下辖第六、七、十八集团军；第三战区为宁沪杭地区，司令长官冯玉祥（后由蒋介石兼任），副司令长官顾祝同，下辖第八、九、十、十五、十九集团军；第四战区为闽粤地区，司令长官何应钦，副司令长官余汉谋，下辖第四、十二集团军；第五战区为鲁南、苏北地区，司令长官蒋介石兼（后由李宗仁继任），副司令长官韩复榘，下辖第三、五集团军。另设第一、二、三、四预备军。

大本营成立后，颁布了《国军战争指导方案》和《国军作战指导计划》，就战略方针和战区划分作了规定。其中规定："国军部队之运用，以达成持久战为作战指导之基本主旨。"战略方针逐渐概括为"持久消耗"和"以空间换取时间"。作战方针为："国军一部集中华北持久抵抗，特别注意确保山西之天然堡垒；国军主力集中华东，攻击上海之敌，力保淞沪要地，巩固首都，另以最少限兵力守备华南各港口。"大战在南北战场同时展开。南战场主要是淞沪会战，北战场主要是忻口会战。1937 年 9 月之后，主战场由华北移到华东方面。

南京失陷后，国民政府决定调整军事指挥机构与军事部署。1938 年 1 月 17 日，修正公布《军事委员会组织大纲》，军事委员会进行改组，由军委会统帅全国陆海空军，指挥各战区作战。军委会设军令、军政、军训、政治四部。蒋介石任军事委员会委员长，何应钦任参谋总长，白崇禧任副参谋总长，冯玉祥、阎锡山、李宗仁、陈绍宽、程潜、李济深等为委员。重新调整了战区：程潜为一战区司令长官，辖平汉路方向；

阎锡山为二战区司令长官，辖山西地区；顾祝同为三战区司令长官，辖苏浙一带；何应钦兼四战区司令长官，辖两广地区；李宗仁为五战区司令长官，辖津浦线；冯玉祥为六战区司令长官，辖津浦路北部；刘湘为七战区司令长官，辖长江中游和四川；蒋介石兼八战区司令长官，辖甘宁青地区；陈诚任武汉卫戍区总司令；蒋鼎文为西安行营主任；陈仪为福建绥靖公署主任。蒋介石于1938年元旦辞去行政院长一职，集中领导军事。此时，全国总兵力约210个师又35个旅，继续抵御日本侵略军。

　　七七事变后，南京国民政府对日本的侵华战争，在进行抵抗、战略防御的同时，幻想通过外交途径以部分退让，换取局部解决，并寄希望于列强出面制止日本侵华。蒋介石先后接见美、英、德、法等国驻华使节，要求各国"主持公道"。然而美英政府继续执行所谓"不干涉"政策。国民政府于9月13日正式向国际联盟提出申诉，要求制裁日本对华侵略。国际联盟除了对日本作某些"谴责"和表示对中国"精神上之援助"外，没有切实的行动。接着，国民政府外交部训令驻日内瓦的中国代表，要求国际联盟召开九国公约签字国会议，表示"愿竭力促成中日问题永久解决"，提出"顾及各国及日本在华利益"之14条建议。九国公约签字国会议于11月3日在比利时首都布鲁塞尔开幕，日本和德国拒绝出席，蓄意歪曲事实真相，大肆攻击中国。当时除苏联支持中国外，美、英、法消极观望，意大利因同德国、日本结成轴心国，故

"在会中遇事阻挠，成为日本的代言人"。这次会议除发表一份空洞宣言外，毫无结果。

日本在进行军事进攻的同时，还通过德国对南京当局进行诱降。日本在淞沪会战中被困后，加紧展开诱降活动，表示"随时都准备与中国直接谈判"，要求德国从中斡旋。11 月 5 日，蒋介石会晤德国驻华大使陶德曼，听取了他转述日本提出的七项和谈条件。其内容是：内蒙古建立自治政府；华北建立非军事区，派亲日分子为华北政权首领；上海非军事区扩大；停止排日；共同防共；降低日货关税；尊重外侨权利。蒋介石曾表示愿意以上述条件作为谈判的基础。但由于此时九国公约签字国正在开会，蒋幻想他们会制止日本侵略，又慑于全国人民抗日热情高涨，对和谈迟疑不决。蒋对陶德曼说：假如他同意日本提出的那些要求，国民政府会被舆论的浪潮冲倒的，中国会发生革命。"假如同意日本采取的政策，中国政府倒了，那么惟一的结果是中国共产党会占优势，但是这就意味着日本不可能与中国议和，因为共产党从来是不投降的"。由于上海、南京的失陷，日本提出更苛刻的要求，蒋介石在内外舆论压力下，不敢贸然接受。日本遂于 1938 年 1 月 16 日宣布中止谈判并声明"不以国民政府为对手"，但双方的密谈并未真正停止。

 防御作战　丧失河山

在卢沟桥事变后一年多时间里，中国抗战处于防御阶段，国民政府联共抗日，作战比较努力，调动了上百万军队，负责正面战场防御战，进行了淞沪、忻口、徐州、武汉等重大战役，英勇抗击日本侵略军，但由于敌强我弱，以及执行片面抗战路线，在战略战术上也有失误，致使大片国土沦陷，亿万人民灾难深重。

八一三淞沪战争爆发后，蒋介石命令张治中等指挥中国军队奋起抵抗，使这次战争长时期胶着在上海四周，日本军队增至20多万人，中国来沪增援的军队达70万人以上。但是，由于中国军队采用的是单纯防御的战略方针，死守在炮火密集的战线上，以血肉之躯去抵抗敌人飞机大炮的进攻，日渐处于不利地位。在战事迁延不决的情况下，日军再次大量增兵，于11月5日从守备薄弱的杭州湾金山卫地区登陆。11月12日，上海终于沦陷。但这次会战粉碎了日本3个月灭亡中国的企图，迫使日军以5万多伤亡的代价和3个月时间才换得一座上海城。

日本侵略军占领平、津后，其华北方面的部队沿平绥、平汉、津浦等铁路线进攻，并从青岛沿胶济铁路西犯。国民党军队在一些地方进行了一定程度的抵抗，延缓了敌军的攻势，但无力阻止日军长驱直入的进犯。沿平绥路进攻的日本第一军主力和关东军一部，8月下旬攻占南口、张家口，9月13日进占大同。9月下旬，八路军一一五师配合友军作战，对从灵丘增援平型关之敌实施伏击。25日歼日军板垣师团1000余人，击毁汽车100余辆，获得平型关大捷，给全国军民以巨大鼓舞。为了保卫太原，国民党军队在 10 月间进行了忻口战役，坚守阵地近 1 个月，重创敌军，使之不能迅速逼近太原。在这次战役中，军长郝梦龄、师长刘家祺英勇牺牲。11 月上旬，忻口守军被迫撤离。10 月中旬，进攻绥远的敌军占领了归绥（今呼和浩特）和包头。沿平汉路进犯的日军，从 8 月下旬到 10 月上旬，相继侵占涿县等地。国民党军指挥官刘峙仓皇南逃。接着日军兵分两路，一路继续南犯，到 11 月上旬，攻占邢台、邯郸、安阳等地。另一路沿正太路西犯，经阳泉、榆次，11 月 8 日攻陷太原。沿津浦路进犯的日本第二军主力，9 月下旬攻占沧州，10 月初侵占德州，推进到黄河一线。国民党军韩复榘部不战而逃。12 月下旬，日军渡过黄河，占领济南。继而又有日军一部在青岛登陆，沿胶济路西犯。至此，日军在七七事变后的半年间，占领了河北、山西、察哈尔、绥远、山东各省。在华北战场上以国民党军队为主体的正规战争就此结束。

在江南战场上，由日本华中方面军司令官松井石根率领的日军，在占领上海后，气焰更加嚣张，分兵三路进犯南京。一路沿京沪铁路占苏州、无锡、镇江，向南京推进；一路由太湖以南的苏南丘陵地带向南京进攻；一路绕至皖南，从当涂渡长江，沿长江北岸扑浦口，以切断南京向北的退路。11 月 20 日，南京国民政府宣布迁都重庆，政府机关则搬至武汉。蒋介石任命唐生智为首都卫戍司令长官，率军队 10 余万人留守。12 月 5 日，日军迫近南京近郊，立即发起攻击，中华门等南京各城门发生激战，城内到处起火。12月12日，镇江、浦口陷落，南京中华门也被日军攻陷。国民党军事当局决定放弃南京，全城军民在混乱中撤退，城门口挤成一团，江面上士兵争渡，互相开枪，死伤极多。日本侵略军占领南京，随即开始了惨绝人寰的大屠杀。30多万中国同胞惨死在日本侵略军的屠刀下。

日军占领南京后，为了沟通南北战场，打通津浦路，与侵占华北的日军南北并进，会师武汉，随即准备夺取徐州。12月中旬，江南日军渡江北犯，侵占扬州等地。淮南日军在侵占临淮关后，于1938年1月底侵占蚌埠，2月初陷定远、凤阳。苏北日军于3月中旬占领南通。同时，山东日军沿津浦线南进，连陷泰安、济宁等地。3月中旬，日军在滕县遭国民党军一二二师的抗击，师长王铭章在县城被攻破时殉国。日军占领滕县后，以一部分兵力继续向南攻击，而以矶谷师团的主力向台儿庄推进，企图迂回包抄徐州，但在台儿庄遭到中国守军更猛烈的抗击。3月下旬至4月上旬，国民党军队以阵地战结合运动战，在台儿庄地区对孤军深入的日军第十师团濑谷支队和前来增援的第五师团坂本支队进行了英勇顽强的阻击和外线迂回包围，打退了敌人的进攻，前后共歼灭日军1万余人，取得了台儿庄大捷，大大振奋了全国军民的抗战意志。

台儿庄战役后，日本侵略军重新部署，从各战场调集30万兵力，向徐州猛烈进攻。5月19日，日军占领徐州后，趁势沿陇海线西进，直扑中原要地郑州。6

月9日，国民党军事当局为了阻滞日军前进，下令炸开郑州东北花园口黄河大堤。滚滚黄河改道横流，豫东尽成泽国，泛滥的洪水将日军第十四、十六师团及机械化部队困陷其中不得前进，破坏了日军攻占郑州、沿平汉线南下武汉的计划，豫东战局暂趋稳定；但黄河水也淹没了河南、皖北、苏北40余县的大片土地，形成连年灾荒的黄泛区，给广大人民造成极大的灾难。

国民政府迁都重庆后，军事、政治中心暂移武汉。日本力图迅速占领武汉，威逼中国投降。黄河决堤后，日军统帅部调整战略部署，扩编华中派遣军，调动海军第三舰队，采取沿长江航道及其两岸和大别山麓分数路围攻武汉的作战计划。日军不断补充实力，后期调兵多达12个师团，前后投入40万人以上。国民党军统帅部决定保卫武汉，部署了129个师及骑兵、炮兵、工兵等共约100余万兵力，以及海军、空军，共同进行保卫武汉的大会战。

武汉会战历时4个多月，战场延及安徽、河南、江西、湖北和湖南等数省，是全面抗战爆发以来规模最大的一次会战。从6月12日至7月5日，日军先后攻占安庆、马当、彭泽、湖口等沿江要塞，这是日军向武汉进攻的序幕战。在绵延数百里的战线上，中国守军利用鄱阳湖、大别山脉、幕阜山脉和长江两岸的山川湖沼等天然屏障，组织了4个作战兵团，构筑工事，进行防御。7月中旬，日军第十一军主力逐渐向鄱阳湖东岸集中，第二军主力向合肥附近集中。武汉外围的作战在长江南北同时展开，交错进行。中国守军进行了英勇的抵抗，但未能阻挡日军的攻势。到 10 月中旬，日军从东、南、北三面对武汉形成包围，武汉已无险可守。蒋介石决定放弃武汉。10 月 25 日，武汉的中国守军奉命撤退。

与武汉会战的同时，日本侵略军于 10 月初进攻广州。国民党军事当局以为广州靠近香港，涉及英国利益，日军不敢来犯，因而在日军积极准备广州作战之时，仍抽调部分广州守军北上。10 月 12 日，日军主力从守备薄弱的广东大亚湾登陆。中国在广东地区的守军，既疏于防范，又对登陆之敌未能进行有力的抗击。13 日日军陷淡水、平山，16 日陷惠阳、宝安（深圳），19 日陷增城、石龙。10 月 21 日，广州被占领。

从 1937 年 7 月卢沟桥事变到 1938 年 10 月广州、武汉失守的 1 年零 3 个月时间，是中国抗日战争的战略防御阶段。在正面战场上，国民政府实施防御作战，广大爱国官兵激于民族义愤，奋勇抵抗日本侵略军的进攻，取得了一些胜利，毙伤日军近 40 万人，挫败了日军“速战速决”的战略企图，大量消耗和牵制了日军兵力。但由于战略指导上的某些失误，单纯依靠军队进行阵地防御，未能充分发动民众参战，使得多数作战未能给敌人更大的消耗，大量国土和城市沦陷。国民政府军队在战争的第一阶段损失巨大，伤亡约 110 万人，战线由华北到华中后退约 1800 公里，由沿海向内地后退约 700 公里，丧失了 13 个省的 100 多万平方公里的土地和 340 余座城市，1 亿多同胞沦为亡国奴。至此，日本侵略军已侵占从东北到东南的大片中国领土，践踏我半壁河山，使中华民族遭到了史无前例的大浩劫、大破坏。

 4　大步集权　有限开放

抗战时期国民党的组织制度和国民政府体制发生了显著变化。国民党总裁和国防最高委员会的设立，是强化以国民党为中心的中央集权体制的表现；设立国民参政会则表现了有限地开放政权和某些民主倾向。

1938 年 3 月 29 日至 4 月 1 日，国民党召开临时全国代表大会。在重庆国民政府大礼堂举行开幕式后，会议移至武昌珞珈山武汉大学召开。出席会议的人员除代表外，还有中央执监委员、候补中央执监委员等。会议通过的《抗战建国纲领》，确定总裁负责制，设立国民参政会，建立三民主义青年团等，具有重大政治影响。会议还通过了其他有关党务、政治、军事、经济、教育等方面的决议案。会议决定，在国民党内恢复领袖制度，由蒋介石担任国民党总裁。根据大会修改通过的国民党党章，总裁代行党章规定的总理职权。此后，总裁一职一直由蒋介石担任，从而使他在国民党内拥有至高无上的权力。

国防最高委员会是抗日战争时期国民党党、政、军最高权力机构，是一种军事独裁的体制。它的前身是国防会议，成立于 1936 年 7 月，至 1937 年 8 月改称国防最高会议，以军事委员会委员长为主席、中央政治会议主席为副主席，负责决定国防方针、国防经费、国家总动员以及有关重要国防事宜。同年 11 月，决定停止政治委员会会议，其职权由国防最高会议代行，国防最高会议因此成为全国最高政治指导和国防决策机关，由蒋介石任主席。

1939 年 1 月，国民党在重庆召开五届五中全会。会议决定改组国防最高会议为国防最高委员会，以国民党总裁蒋介石兼任委员会委员长。委员会成员有：军事委员会全体委员、国民党中央常务委员会与监察委员会全体委员、国民政府五院院长、副院长以及蒋介石直接任命的一批委员。它是抗战时期国民政府的最高决策和最高权力机构，最显著的特征是党政军权力一体化，国家的一切统治大权全部集中在委员长一人之手，委员长可以指挥一切。因此，蒋介石以委员长身份行使战时统治权，成为最主要、最经常的方式。

与此相适应，蒋介石加强了他的侍从室，其全称是"国民政府军事委员会委员长侍从室"。这个机构始设于 1932 年，由蒋的秘书、参谋、副官、侍卫人员等组成。侍从室设有第一、第二处及侍卫长。处之下又设组，分管党、政、军、经济、外交等重大要事，参与决策和指挥。侍卫副官随时听派到各地，代表委员长视察工作。侍从室凌驾于党政军机构之上，是为蒋"一个领袖"统治服务的工具，成为国民政府中枢机构上的"中枢"。

随着战争的进行，蒋介石集中了更大的权力。1939 年 3 月，成立军事委员会战地党政委员会，蒋为主任委员，加强对各战区的控制。1940 年，蒋先后出任国防最高委员会中央设计局总裁、党政工作考核委员会委员长、国民政府行政院院长。1943 年 8 月，国民政府主席林森逝世，蒋介石又接任国民政府主席一职。随即召开的国民党五届十一中全会修改了国民政府组织法，规定"国民政府主席为中华民国元首"、"海、陆、空军大元帅"等。这就使蒋介石的个人独裁体制大大加强。

为加强对基层政权的控制，国民政府于 1939 年 9 月公布《县各级组织纲要》，实行"新县制"。规定"县为地方自治单位"，"县以下为乡（镇），乡（镇）内之编制为保甲"。县与乡（镇）之间设区署，代表县政府督导各乡（镇）的行政事务。县设参议会，但不能选举县长。实际上，县长、乡（镇）长、保长均由上一级任免，掌握辖区内的民政、军事（警卫）、经济、文化等权力。保之下设甲，"保甲长兼尽政治警察任务"，人民毫无民主权利。

国民参政会的设立是有限开放政权的一种重要形式。抗战爆发后，国民党中央迫于形势需要，于 1937 年 8 月底召集全国各主要党派领导人组织国防参议会，"含有团结各党派来参加抗战大计，共同为国努力的意思"，是"国民参政会的胚胎"。1938 年 3 月 1 日，中国共产党提出健全民意机关的建议，认为应建立一个机构，包括各抗日党派、各军队、各有威信的群众团体的代表参加。继而，国民党临时全国代表大会决定，将国防参议会予以扩大，改名为国民参政会。国民政府于 4 月 12 日公布了《国民参政会组织条例》，明确规定该会是咨询性质的机构，有调查权、询问权、建议权、听取报告权等，但没有立法权和行政权。参政会的决议案须经国防最高会议通过后，才能交主管机关执行。因此，参政会的设立，并不能改变国民党一党专政的实质。国民参政会成员，先由各省市国民政府及省市党部联席会议提名，经国民党中央确定产生。第一届参政会参政员共200名，其中国民党88人，共产党7人，其他党派20人，余为无党派人士。

1938年7月6日，国民参政会第一届第一次大会在汉口举行，国民参政会正式成立。出席会议的代表137人，另有国民政府各院、部、会官员、外宾及中外记者等，共1000多人。大会听取了有关方面报告13个，收到提案125件，确定了"抗战到底，争取国家民族之最后胜利"的国策，通过《拥护抗战建国纲领案》。大会发表了宣言，痛斥日本帝国主义侵略中国的罪行，庄严宣告"中国民族必以坚强不屈之意志"，"长期抗战，以达到最后胜利"。这次大会的召开，具有重大的意义。但由于国民党不准对其一党专政体制作实质性改变，抗日战争进入相持阶段后，国民政府在政策方面出现消极变化，控制和影响了国民参政会，使其日渐倒退。国民政府利用国民参政会为其统治服务，妨碍了参政会积极作用的发挥。

抗战初期，国民党迫于形势曾实施一些有利于团结抗日和国共合作的政策，允许人民有较多的自由，抗日民主运动一度蓬勃发展起来。开放党禁，在组织机构方面也有某些相应的调整。国民党同意中共在南京、武汉、西安等地设立八路军办事处。同时释放了一批被关押的共产党员和政治犯。除了设中央民意机关外，国民政府要求各级地方政府也相应地设立省、市、县参议会。国民政府从中央到地方的各级政权机构也有所开放，吸收一些非国民党人士、非蒋系人士及地方实力派代表，担任某些职务。如中共领导人周恩来、第三党领导人黄琪翔出任国民政府军事委员会政治部副部长，朱德任第二战区副司令长官，著名爱国民主人士郭沫若出任政治部第三厅厅长，著名实业界巨头卢作孚出任行政院交通部次长，刚获释的七君子之一章乃器出任安徽省粮食厅厅长，等等。另外，允许共产党员在国民政府辖区的某些地方办报和发行一些进步书刊，如在上海、武汉等地发行了《新华日报》、《救亡日报》、《抗战三日刊》等。

但从总体上说，国民政府没有从根本上改变由国民党一党专政的体制，不肯给人民真正的抗日民主，不肯明确承认共产党、八路军、新四军和其他党派的合法地位，并对其发展加以限制。这说明当时政权的开放是极其有限的。

八　进驻重庆　风云变幻

 ## 中枢迁移　蒋汪分离

　　在抗战的第一阶段，国民政府着手把中枢机构迁至四川重庆，并把迁都与坚持长期抗战结合起来。抗战进入第二阶段后，日本侵华方针出现变化，促使国民政府内部英美派和亲日派之间明显分化，尖锐对立，终于分道扬镳。

　　抗战时期国民政府迁都重庆，是经过长时间酝酿选择的结果。早在1935年川政统一后，蒋介石曾两次入川视察，认为四川是抗战的良好根据地，督导四川军政当局改革政治，整顿军队，改善交通，为日后迁都重庆准备条件。1937年10月29日，淞沪战场上的中国军队已严重失利，南京受到威胁，蒋介石在国防最高会议上作了《国府迁渝与抗战前途》的讲演。30日，国民政府决定迁都重庆。11月20日，国民政府发表宣言，"移驻重庆，继续对日抗战"。26日，林森率国民政府部分成员抵达重庆。12月初，国民政府在重庆国府路设址办公，国民党中央党部设于曾家岩。国民党领导重心从南京撤退后，先在武汉停留一个时期，然后再转迁重庆。

在中国军队的战略防御阶段，由于国民政府正面战场的抵抗，更由于中国共产党领导的敌后游击战争猛烈发展，迫使日军调动兵力，对付深入其后的八路军、新四军和游击队。这就造成日军战线过长，兵力分散，兵源不足，军费开支过大，国内反战情绪也不断滋长。日本不得不停止对正面战场的战略进攻，而把军事重点放在巩固占领区，扶植汉奸组织，"扫荡"人民抗日力量，加强"以战养战"政策的施行上，从而使整个战局发生新的转折。

当战争进入相持阶段后，日本相应调整了对国民政府的方针，决定以政治诱降为主，军事进攻为辅。抗日战争初期，日本诱降南京国民政府未能奏效。1938 年 1 月，日本近卫内阁发表声明，宣布"不以国民政府为对手"谈和。随着战争的继续，日本泥足深陷，对国民政府作出新的姿态。11 月 3 日，日本发表第二次"近卫声明"，提出："倘国民政府放弃抗日政策，参加建设东亚新秩序，日本不予拒绝。"12 月 22 日，近卫又发表中日关系"根本调整方针"的声明，也就是新的媾和条件，主要内容是：中国承认"满洲国"并与之建立完全的"外交"关系；中日缔结反共公约；中日经济合作。

日本的这种政策造成国民政府内部的严重分化。面对艰难的国内外形势和日本的诱降政策，蒋介石一面仍高喊"坚决抗战到底"，却在全面调整施政方针；

一面秘密派人与日本接触，试探与日本停战的条件。汪精卫到重庆后，则把叛国投敌的暗流变成了明流，走上公开叛国投敌的道路。

日本原来期望在国民政府内，以亲日派汪精卫代替蒋介石，实现中日和谈，但此计落空了。中日战争开始后，蒋介石举起了抗战旗帜，讲了不少慷慨激昂的话，受到国民党各派势力的拥护与全国人民的欢迎。国民政府的再次改组，使汪精卫的权力被大大削弱。这更使汪精卫感到羞愧、恼怒，进一步走上降日反蒋道路，结束了蒋汪联合统治的局面。

汪精卫（1883～1944），名兆铭，字季新。原籍浙江山阴（今绍兴），生于广东番禺，出身小官吏家庭。抗日战争爆发后，他身为国民党副总裁、中央政治会议主席、国防最高会议副主席、国民参政会议长，对抗战前景悲观失望，是亲日派的著名首领。卢沟桥事变后，汪是亡国论的代表，纠集同伙形成"低调俱乐部"，反对抗日，反对国共合作。他们鼓吹"战必大败"，秘密策划投降日本。为配合日本近卫政府的声明，汪精卫多次派亲信高崇武和董道宁、梅思平等到日本和香港同日本代表秘密会谈，接洽投降的步骤与条件，并先后会见日本陆相坂垣征四郎等，谋划就绪后，便伺机付诸实施。

1938 年 12 月 18 日，汪精卫根据日本侵略者事先制订的计划，率陈璧君、周佛海、曾仲鸣等逃离重庆，前往当时法国统治下的越南河内。12 月 29 日，汪精卫发表致蒋介石等人的《和平建议》电报，又称为"艳电"，鼓吹响应日本近卫内阁声明，打着"反共"与"和平"的旗号，公开叛国投敌。全国人民严正声讨汪精卫叛国投敌的可耻行径，指斥汪为"秦桧卖国求荣"，强烈要求对汪绳之以法。1939年元旦，国民党中常委会决定，决定永远开除汪精卫党籍，撤销一切职务。

同年5月初，汪精卫一伙在日本保护下到达上海，同南北的汉奸头目一起与日本代表谈判，准备成立傀儡政府。12月30日，日汪签订了《日华新关系调整纲要》，亦称《日汪密约》。其主要内容是：将东北割让给日本；把蒙疆、华北、长江下游和华南岛屿，定为"日华强度结合地带"，由日本长期占领；伪政权自中央政府至地方政府，都由日本顾问或职员监督；伪军和伪警察，由日本教官训练，武器亦由日本供给；伪政府的财政经济政策、工业、农业、交通等，都由日本控制，一切资源，由日本任意开发；禁止一切抗日活动等。这个卖国密约，把中国从北方到南方，从高山到海洋，从空中到地下，全部拱手献给日本侵略者。

1940年3月30日，汪精卫集团大小汉奸各就伪职，在南京正式成立伪国民政府，地址在原考试院，并发表《国民政府政纲》和《还都宣言》。汪伪政权标榜继承中华民国法统，仍称"国民政府"，以南京为首都，沿用青天白日旗，另加黄色三角布片，上面写着"和平反共建国"字样。汪精卫任行政院院长兼代主席，陈公博任立法院院长，温宗尧任司法院院长，周佛海任警政、财政部部长，后又任行政院副院长，梁鸿志任监察院院长，王揖唐任考试院院长。汪精卫等还有意留下一些部长的高级职位空缺，以引诱蒋派人员入伙。但汪伪政权是彻头彻尾的日本侵略者的傀儡，它的一切行动均得听命于日本军国主义政府，日本华中派遣军司令官松井石根及日本驻南京"大使"就是它的太上皇。伪组织各部门的实权都掌握在日本顾问手里，甚至对日本设在上海的特务机构也言听计从。汪伪政权成立后按照日本侵略者的旨意，与日本在南京进行关于调整"国交"的谈判。1940年8月31日，汪日之间缔结《中日基本关系条约》，11月30日又在南京签订《日华基本条约》，至此日本宣布正式承认汪伪政权，并纠集德国、意大利及其他法西斯仆从国相继承认。这进一步确立了汪伪傀儡政权的附庸地位。它像"满洲国"一样附属于日本，这也是日本对整个中国的侵略目标。汪伪政权遭到全中国人民的强烈反对和唾弃。重庆国民政府也下令对汪精卫等悬赏拿办。但双方仍不断秘密接触，进行会谈。

 反共摩擦　有限抗敌

抗日战争相持阶段到来后，日本改变了侵华策略，着重从政治上对国民政府诱降，加强对敌后抗日武装的进攻。蒋介石集团也对中共领导的革命力量的发展感到恐惧，因而对反共日益积极，其政策重点逐渐转到反共方面。

中国共产党坚持全面抗战，在正面战场不断失利的情况下，领导八路军和新四军在华北和南方各省英勇开展大规模的游击战争，沉重打击日本侵略军的嚣张气焰。八路军、新四军分兵深入广大农村，组织人民抗日武装，建立抗日民主政权，逐渐发展抗日根据地。除陕甘宁边区以外，相继建立起晋察冀、晋冀鲁豫、晋绥、山东、华中、华南、琼崖等抗日根据地。中国共产党及其领导的抗日武装力量迅速发展壮大，至1940年党员发展到80万人，军队达到50万人，成为抗日战争的中流砥柱，长期抗击了大部分日军和绝大部分伪军。

卢沟桥事变后，蒋介石仍想把共产党领导的军队拆散、吃掉，或用合法的方式，逐渐溶化并最后达到解除中共武装的目的。这理所当然地遭到中国共产党的拒绝。直到武汉时期，中共中央仍继续坚持各党联盟的主张，提出建立统一战线组织，制定共同纲领，改革政治机构。国民党对上述主张均加以拒绝，鼓吹"今天国民党外的一切党派，都没有独立存在的理由"，企图把共产党员吸收到国民党中去，加以溶化。武汉失守后，蒋介石和国民政府对共产党采取新的错误政策，使国共关系进入了一个更加错综复杂的阶段。

1939年1月21日至30日，国民党在重庆举行五届五中全会。这次会议的中心内容是决定在新的形势下如何抗日，并制定了防共、限共、溶共的方针，决定设立一个叫"防共委员会"的专门机构。

五中全会后，蒋督饬国民党中央党部制定和颁发了一系列防共限共文件，如《防制异党活动办法》、《异党问题处理办法》、《处理异党实施办法》、《沦陷区防范共产党活动办法草案》等。文件规定对共产党的策略为："中央可示宽大，地方务须谨严，下级积极斗争"；"党部负斗争责任，政府处调和地位，军队则为后盾"，鼓动国民党各级党部和各级国民政府加紧进行反共活动。于是，国民党的舆论工具大肆诬蔑、诽谤共产党、八路军"搞割据"、"破坏政令军令统一"等；国民政府的军队包围、封锁陕甘宁边区，并发动进攻；1939 年 4 月在山东博山，6 月在河北深县、湖南平江，11 月在河南确山及太行山区，国民党先后制造了袭击共产党和八路军、新四军的反共摩擦，杀害共产党军政人员 1600 余人。

1940 年 10 月 19 日，国民政府军事委员会参谋总长何应钦、副参谋总长白崇禧电令八路军、新四军在一个月内全部撤至黄河以北，并要两军将 50 万人缩编为 10 万人。朱德、叶挺等致电国民政府，除驳斥其无理要求外，为顾全抗日大局，答应将江南新四军移防江北。1941 年 1 月 4 日，新四军 9000 余人奉命北移，6 日途经皖南茂林地区时，遭到 8 万多国民政府军的伏击。双方激战 7 昼夜，新四军官兵除 2000 人突围外，大部分壮烈牺牲，军长叶挺被扣，副军长项英遇难。随后，蒋介石宣布新四军为"叛军"，取消新四军番号。"皖南事变"受到国内外舆论的强烈谴责，共产党根据"有理、有利、有节"原则进行斗争，迫使蒋介石不得不保证"以后再亦决无剿共的军事"。但在

1943 年 3 月，蒋发表《中国之命运》，接着策划新的反共活动，调兵遣将，对陕甘宁边区进行武装挑衅，准备袭击延安。对此，全国人民同声指责，国际舆论也纷纷反对，八路军严阵以待，做好了反击部署。各方协力抗争，及时制止了新的反共图谋。

针对日军停止大规模战略进攻的形势，国民政府先后在南岳、长沙、西安等地召开一系列军事会议，调整战略部署，提出"整理军队建立军队"的任务，分三期轮流整训全国军队。1939 年初，重新调整全国战区，将全国划分为第一至第五战区、第八至第十战区，以及鲁苏、冀察战区，原第六、七战区撤销。军事委员会制定了第二期作战方针，提出："连续发动有限度之攻势与反击，以牵制消耗敌人，策应敌后之游击部队"；"抽出部队轮流整训，强化战力"。这表明重庆当局蓄意主要让八路军、新四军同日军作战，而自己则加强实力相机行事。

从 1939 年到 1940 年，国民政府军尽管与日军进行多次战役、战斗，但多数是日军根据其政治、军事需要而发动的，国民政府军被迫应战，很少主动出击。1939 年 2 月，日军为封锁中国海疆，对海南岛发动进攻，2 月中旬占领海口等重镇。6 月下旬又占领汕头、潮安。同年 11 月中旬，日军为占领广西南宁，切断中国广西与越南的国际交通线，从钦州湾登陆，攻陷防城、钦县、南宁和昆仑关等地。12 月中旬中国军队集中兵力反攻，月底收复昆仑关等地。

1939 年 2 月下旬，日军向长江中游地区进攻，3

月下旬攻占南昌。中国军队发动反击，争夺激烈，第三十九军军长陈安宝亲临前线指挥，中弹牺牲，反击失败。5月，日军在空军配合下发动随（县）枣（阳）战役，中国第五战区部队与敌激战十余天。日军先后占领枣阳、南阳、桐柏等地，中国军队经过反攻，收复失地。

1939年9月至10月间，日军抽调12万兵力，会攻长沙。中国守军第九战区司令长官薛岳统兵20万，利用诱敌深入、重兵埋伏的方法，在长沙北面永安市与桥头驿之间猛烈反击日军，保住了长沙。1940年5月，日军为了确保武汉，扼守入川咽喉，大举进攻鄂西宜昌。中国军队在襄东平原与日军激战一周，第三十三集团军总司令张自忠上将亲率两团一营兵力截击日军，在宜城南瓜店激战中受伤不退，壮烈牺牲。日军在襄东作战失利后，调兵增援，继续进攻。6月，日军先后占领川陕屏障襄阳、宜昌。1941年4月，日军又占领浙东、闽东沿海的大片地区。

国难财经　官资膨胀

全面抗战爆发后，国民政府采取多种措施，将经济转入战时轨道，其中有沿海工业内迁、经济统制、西南建设、战时金融等。这些措施有助于避免日军破坏造成的后方经济崩溃，有利于坚持抗战；但官僚资本却乘国难之机膨胀起来。

战前中国工业70%以上集中在沿海各省市，战争爆发后缺乏有力的转移措施，致使绝大部分毁于战火，或落入敌手，只有一小部分在政府资助下，在企业家和工人群众共同努力下从上海等地迁往内地。据统计，至1940年底，共迁工厂639家，其中由政府资助迁移者448家，包括钢铁工业、机械工业、电器制造业、化学工业、纺织工业、食品工业。这些内迁企业，计有工人12164人。1940年，后方工业生产总值为25560万元，为抗战提供了有力的支持。

实行经济统制是战时的重要措施。国民政府从1937年8月起，连续发布安定金融办法、粮食管理方法，发行救国公债，增加印花税、烟酒税，加强对农矿工商和外汇管理。这些措施对于支持抗战也是必要的。

西南大后方建设，以四川为中心，以沿海西迁的企业为骨干，加上地方原有企业和农业，在国民政府扶持下，抗战前期获得显著发展。首先，国营、民营并举，发展工业。国营以国防重工业和交通为主，由资源委员会直接管理，建立了矿山、钢铁、机械、电力、化工等大企业，分布于川、滇、黔、桂等省，改变了这些地区工业落后的状况。交通运输也有所改善。民营以轻工业为主，化工、食品、纺织等增长较快。其次，在农业方面，注意加强土地利用，增加种植面积。政府发放农贷，设立合作金库，兴修水利，改良品种等，使西南、西北数省农业得到发展。1938年和1939年，粮食都获得丰收。政府还鼓励多种经营，种植棉花、桐油、烟叶、茶、丝，以其中一部分土特产出口，换取外汇，为购买军火提供资金。

国民政府也采取了战时金融措施，增强国家银行的职能，加紧对货币金融的统制和调剂。1939 年 9 月公布《战时健全中央金融机构办法》，将中央、中国、交通、农民四银行联合经营，成立"四行联合办事总处"，简称"四行总处"，"负责办理政府战时金融政策有关各特种业务"。总处设理事会，由军事委员会委员长兼任理事会主席，授权在非常时期"可为便宜之措施"。这使蒋介石可以全权统制和调动全国的货币金融，为抗战提供便利的条件。但又有利于官僚资本牟取暴利，中饱私囊，集中财富。

国民政府的统治日益腐败，财政开支的猛增和官僚资本大发国难财，造成大后方经济逐渐凋敝。日本的侵略严重破坏了中国经济，国家财政收入不及战前一半，军费开支浩大。西南地区经济虽有所增长，但仍入不敷出。国民政府保护大地主大资产阶级利益，只有榨取广大人民的血汗，以扩大财源。为应付庞大开支，填补赤字，政府采取了一些政策、措施。

滥发钞票。1937 年底，政府发行法币 16.4 亿元，1938 年达 23.1 亿元，1941 年底增至 151 亿元，1944 年底达 1895 亿元，到 1945 年 8 月止，发行额共达 5569.1 亿元，比战前增加 393.97 倍。大量发行钞票造成通货膨胀，1940 年后愈演愈烈，广大劳动人民吃尽苦头，而四大家族却从中渔利，大发横财。

调整税制，扩增捐税。1941 年改变两项税制。一是将间接税由从利计税改为从值计税；二是将征收田赋权收归中央，由征收货币改为征收实物，称为"田赋征实"。1943年，粮食征借停止搭付现金，全部付给粮食库券。同时新增食盐战时附加税、货物税和直接税，称为战时"新三税"。这成为抗战后期政府主要税源。

举借内外债。举借内债主要是发行公债。8年内共发行公债18种，共计法币151亿多元，关金1亿元，美金2.1亿元，英金2000万镑。举借外债，先是向苏联，后转向英、美、法。8年中借外债25种，计10亿多美元，1.5亿英镑，10.3亿法郎，后来又向美国租借8.4亿美元的军用物资。

实行专卖制度。抗战爆发后，对重要出口农产品和矿产品实行统购统销。1942年对棉纱实行统购，同时对盐、糖、烟、火柴、茶叶、酒等实行专卖，由专卖事业管理局统一收购和批发销售。

以上政策、措施的实行，对于政府财政收入的增加起了重要作用，同时也加剧了通货膨胀。物价飞涨，加重了人民的负担和痛苦。民族工业在通货膨胀和沉重捐税的压迫下，加上官僚资本对原料、市场、运输等方面的统制，从1941年以后逐渐衰退，到抗战后期已有许多私营工厂破产、停业或减产。

在此时间，以四大家族为首的官僚资本，借助于政治特权迅速膨胀。据1942年统计，官僚资本在工业总资本中已占69.58%，居优势地位。在金融方面，中央、中国、交通、农民四行在抗战前4年的存款额增加了6倍，由战前占全部银行存款总额的59%增加到

80%~90%。四行占有大量外汇和黄金，在金融中居于垄断地位。官僚资本还控制着专卖机构，并将势力伸到农村，拥有大量土地。这种状况，加上大批贪官污吏的为非作歹，使大后方经济处于危机之中，大大丧失民心。

 外交格局　抗战转机

1941年12月8日，日本偷袭美国海军基地珍珠港，同时对关岛、香港和马来西亚发动突然袭击，强行占领英、美在中国天津、上海、广州等地的租界。英、美对日宣战，太平洋战争爆发，世界战局发生了重大变化。

太平洋战争的爆发改变了中国所处的国际环境，改变了中国的外交格局。战争爆发的消息传到山城重庆，引起国民政府和各界极强烈的反应。蒋介石立即召集国民党中央常务委员会，作出相应的对策。12月9日，国民政府由主席林森署名发布文告，正式对日本宣战，同时对德、意宣战。当天，中共中央也发表《中国共产党为太平洋战争的宣言》，呼吁中国政府和中国人民与英美及其他抗日友邦缔结军事同盟，为最后打倒日本法西斯而斗争。1942年元旦，美、英、苏、中等26国代表在华盛顿签署了《联合国家宣言》，向全世界庄严宣告：各签字国保证协同作战，绝不与敌国单独媾和。1月2日，根据罗斯福提议，建立中国战区盟军最高统帅部，由蒋介石担任最高统帅，美国的史迪威中将任统帅部参谋长。战区范围包括中国、泰国、越南和缅甸北部。中国战区与太平洋其他战区以及欧洲战场、苏联战场互相配合，进行反法西斯的世界大战。从此中国抗日战争与世界反法西斯战争融为一体，中国战场成为整个太平洋战场的一个重要组成部分。

新的局势促进中国实现废除不平等条约，鼓舞了中国人民的抗日斗志，并提高了中国的国际地位。

1941年5月下旬，太平洋上空已是"山雨欲来风满楼"，为利用中国抗击日本，美国国务卿赫尔致函中国外交部部长，建议谈判"取消一切有特殊性质的权利"问题。美国同英国磋商，取消在华领事裁判权，"以增强中国对日作战的效能"。当得到英国同意后，1942年10月9日，美国副国务卿将有关文告，面交中国驻美大使。中、美、英开始就订立新约问题，在重庆举行谈判。

此时，日本在太平洋战争中已处于不利地位，御前会议决定了《为完成大东亚战争所需要的对华处理根本方针》，提出将除九龙、香港以外的租界、治外法权等，予以迅速调整以至废除，旨在增加汪伪政权的欺骗作用。1943年1月9日，日本与汪伪签订了《关于交还租界及撤销和废除治外法权之协定》。

美英闻讯加速了与中国谈判的进程。1月11日，中美在华盛顿签署《关于取消美国在华治外法权及处理有关问题之条约》，中英在重庆签署《关于取消英国在华治外法权及其有关特权条约》。其他有关国家也相继效法，宣布废约弃权。废除一系列旧约，是中国人民长期斗争的结果，是中国政府和人民坚持抗战，使中国国际地位提高的结果。但是，新约也并非完全平等的条约。如英国拒绝交回九龙和香港。国民政府在同年5月与美国关于处理在华美军人员刑事案件换文中，仍规定美军人员在中国触犯刑律时，应由美方单独裁判。

美国为了促使国民政府继续抗日，1942年3月提供贷款2亿美元，6月签订《中美租借协定》，陆续给中国8.4亿美元的租借物资。美国还为国民政府训练大批军事人员，用新式武器装备其军队。但是，蒋介石只将一小部分用于对日作战，大部分被精心保存下来，成为后来进行反共反人民内战的主力。

美国总统罗斯福从战时打败日本的军事需要，以及更多地从战后美国谋求"世界领导地位"的长远考虑出发，不顾英国、苏联的反对，把中国作为"四强"之一。1943年10月19日，美、英、苏三国外长在莫斯科举行会议，研讨战后问题。会前，罗斯福决心要以四大强国外长会议发表宣言。由于美国的坚持，会议期间苏联外长莫洛托夫表示同意。在没有中国外长参加的外交部长会议上，由中国驻苏大使傅秉常签字，于1943年10月30日发表了《四国关于普通安全的宣言》。由此，中国进入"四强"之列，并为战后成为联合国安全理事会常任理事国的地位奠定了基础。

1943年11月18日，蒋介石偕宋美龄自重庆乘飞机，赴开罗出席中、美、英三国首脑会议。会议发表了《开罗宣言》，宣布："三国之宗旨，在剥夺日本自

1914 年第一次世界大战开始以后在太平洋所夺得或占领之一切岛屿，在使日本所窃取于中国之领土，例如满洲、台湾、澎湖群岛等，归还中国。"

太平洋战争爆发后，英国要求中国派兵入缅作战，国民政府正式编组远征军第一路军，由史迪威任总指挥，罗卓英、杜聿明任正、副司令长官。中国远征军所辖第五、六、六十六军共 9 个师，总计 10 万人，入缅支援英军作战。1942 年 3 月，第五军在同古与日军激战十多天，大量杀伤日军，但因联络和给养被切断，于月底向北撤退。4 月，暂编第六十六军驰援被日军包围于仁安羌的英军，毙敌 1200 多人，克复仁安羌，并解英军 7000 人之危，取得了重大胜利。后因日军增援，远征军被迫分别退入国境和印度。第二〇〇师师长戴安澜在与日军激战中壮烈牺牲。

1943 年 1 月，中国驻印军将新编 3 个师合编为第一军，并大量装备了美制武器、通讯设备和卡车。4 月，国民政府在云南重组远征军司令长官部，陈诚任司令长官（后卫立煌继任），黄琪翔任副司令长官，辖 2 个集团军，共 17 个师，连同直属特种部队，总兵力 20 余万人。1943 年下半年，中美积极组织打通中印公路的缅北战役。中国驻印军工兵团在美国工兵配合下，修筑了从印度雷多到缅北密支那的中印公路（后称史迪威公路）。10 月，中国驻印第一军联合英、美军一部，开始由缅北向日军发起攻势，先后攻占新平洋和于邦。1944 年 3 月至 6 月，又先后攻克孟缓、密支那，控制了缅北各要点。次年 1 月，再攻占南坎、芒友。

驻印军与滇西远征军会师芒友，从而完全打通了中国西南陆上交通线。3月，新六军以一部继续南进，在叫脉与英军会师，终于全歼在缅北、滇西的日军，取得反攻作战的胜利。

5 胜利在望 军政对策

太平洋战争爆发后，在中国正面战场，曾发生了几次中日互有胜负的大战役。为了策应英军在香港的作战，1941年12月9日，国民政府下令各战区发起攻击，牵制日军行动。日军为阻止中国军队南下增援，调集约10万兵力第三次进攻长沙。中国第九战区所部于新墙河、汨罗河一线进行外围防御。当日军猛攻长沙时，中国军队以一部固守城防，另以优势兵力分三路对日军形成包围。日军遭大量杀伤后突围，退回新墙河以北。此役毙伤日军5万多人，俘日军100余人，缴获步骑枪1000余支、机枪100余挺，以及大炮及其他军用物资。

1942年4月18日，美国空军轰炸机由太平洋航空母舰起飞，轰炸日本东京，然后降落在中国东南金华、衢州、玉山等机场，日本大为震惊。5月，日本为了本土的安全，破坏美国空军在浙江的航空基地，发动浙赣战役。中国第三战区30多个师在浙赣东线组织防御，以第九战区10个师部署于浙赣西线。5月15日，日军以第十三军和第十一军，东西夹击第三战区中国守军。经过一个半月的疯狂进攻，日十三、十一两军于 7 月 1 日在横峰相会，打通了浙赣线。日军驻扎浙赣地区两个月，在进行大肆破坏后撤回原防。国民政府军曾对日军作顽强抗击，毙伤日军近 3 万人，随后乘势跟进，至 8 月下旬，收复此役丧失的大部领土。

从 1943 年 5 月起，日军先后发动鄂西和常德战役，第六战区官兵与日军进行长达半年多的反复争夺，至次年 1 月初，双方恢复原防。

1944 年初，美军占领了太平洋马绍尔群岛的主要岛屿，威胁到日本与东南亚的联系，日本决定打通从中国东北至越南的大陆交通。为此，日军投入 50 余万兵力和 250 架飞机，发动了称为"一号作战"的豫湘桂战役。在日本的强大攻势面前，国民党军政当局，采取避战、观战的消极态度，不作积极部署，一些高级将领腐化堕落，导致军队战斗力锐减，造成正面战场上又一次大溃败。

豫湘桂战役的豫中、长衡、桂柳三次会战中，国民党守军百余万，除衡阳保卫战坚持 46 天，给日军以重创外，其他多是仓皇逃避，闻风而退。日军长驱直下，自 1944 年 4 月至 12 月 8 个月中，从河南一直打到广西、贵州，实现了打通大陆交通线的战略计划。此役国民党军丧失了豫、湘、桂、粤的大部，共 20 余万平方公里，丢失大小城市 146 座，衡阳、桂林、柳州、南宁等 7 个空军基地和 36 个飞机场均被日军占领。国民党军损失兵力 50 万至 60 万人，沿途几千万人民的生命财产遭受巨大损失。这次大溃败，激起了全国人民的强烈不满，也使盟国感到失望。

随着世界战局的发展，美国对华政策逐渐转向扶蒋反共。史迪威到中国后，对国共两党的抗战态度和状况，有比较客观的了解。为推动国共合作抗日，他曾向蒋介石建议，调动西北地区国共双方的兵力，进袭平汉线的日军，并把积存的武器拨出一部分，给敌后战场英勇抗日的八路军、新四军。史迪威还要求蒋介石赋予他指挥中国军队全力抗日的全权。他的建议都遭到蒋的拒绝。因此，双方发生尖锐的矛盾。1944年10月，在蒋介石要求下，罗斯福改派魏德迈接替史迪威。与此同时，在国民政府辖区内，民主运动高涨，中共提出建立联合政府的主张，获得广泛的支持。中国民主同盟也提出了《对抗战最后阶段的政治主张》，要求立即结束一党专政，开放党禁等。11月，美国派赫尔利来华"调处"国共关系。蒋介石坚持中共必须先交出军队，实现"军事统一"，并称要召开"国民大会"，以此抵制建立联合政府的主张。美国的目的是巩固蒋介石统治，"防止国民政府崩溃"。1945年4月，赫尔利任驻中国大使。他扬言："美国只同蒋介石合作，不同中共合作。"这就"助长了国民党政府的反动，增大了中国内战的危机"。

国民党为了继续实行专制统治，准备发动反共反人民的内战，于1945年5月5日至21日，在重庆召开第六次全国代表大会。这次会议的主题之一是拒绝联合政府，坚持一党专政。会议决定于当年11月召集国民大会，"以国民政府公布之五五宪草为讨论基础"。会议的另一中心议题是加强反共力量，准备内战。这次大会所确定的路线，是违背世界潮流和全国人民公意的。

1945年初，欧洲战场开始了对法西斯德国的总攻击。在太平洋战场，美军在已接近日本本土的硫磺岛登陆。中国的敌后战场已开始了局部反攻。在法西斯侵略者临近失败的关头，2月4日至12日，斯大林、罗斯福、丘吉尔在雅尔塔举行苏、美、英三国首脑会议，并签订了《雅尔塔协定》。协定要求苏联在欧战结束后两个月或三个月内参加对日作战。其条件是：外蒙古独立，库页岛南部及邻近岛屿交还苏联，大连港国际化，苏联租用旅顺海军基地，中苏共同经营中长铁路和南满铁路等。这个协定是背着中国签订的，损害了中国主权。同年6月，美国将该协定通知中国政府，要求予以同意。与此同时，《联合国宪章》制宪会议于4月25日至6月26日在美国旧金山举行，国民党派宋子文、王宠惠等与中共代表董必武组成代表团参加大会，中国当选为联合国常任理事国。6月27日，国民政府行政院院长兼外交部部长宋子文等一行赴莫斯科，与苏联政府谈判。8月14日双方签订了《中苏友好同盟条约》及其他协定。这为苏联出兵中国东北对日作战铺平了道路，也迫使国民政府正式承认《雅尔塔协定》规定的苏联在中国东北的权益。

在中苏谈判期间，世界形势发生急剧变化。1945年5月8日，德国无条件投降。6月，美军在太平洋进行"越岛战"，攻占了冲绳等岛屿，将战争引向日本本土。7月，中、美、英三国发表《波茨坦公告》，促令日本投降。但日本拒绝接受，疯狂挣扎。8月上旬，美国轰炸机向日本广岛和长崎投下两颗原子弹。8月8日，苏联对日宣战，百万苏联红军进入中国东北，日本关东军67万人被歼灭，彻底结束了日本对中国东北长达14年的殖民统治。8月15日，日本天皇裕仁广播"停战诏书"，宣布无条件投降。9月2日，在停泊于东京湾的密苏里舰上，举行了日本投降的仪式。9月9日，中国战区于南京举行日本投降签字仪式，蒋介石派何应钦为代表，接受日本投降，冈村宁次代表日本大本营在投降书上签字。至此，中国抗日战争取得了伟大的胜利。这是中国人民100多年来反对外敌入侵第一次取得完全胜利的民族解放战争，对世界反法西斯战争和世界和平、进步事业作出了重大贡献。中国军民经过八年的浴血奋战，也做出了重大的牺牲。全国军民伤亡达3500多万人，其中战场伤亡380多万，财产损失和战争消耗达1000亿美元。

九　还都南京　利令智昏

抢占地盘　侵吞敌产

　　抗日战争胜利后，中国仍然存在着两种命运，两个前途。中国人民经过浴血抗战，渴望重建和平生活，在自己休养生息的土地上建立起独立、民主、富强的新国家；而以蒋介石为首的国民政府，在美国支持下，妄图独吞抗战胜利果实，发动内战，使中国仍旧成为大地主大资产阶级专政的半殖民地半封建国家。为了部署内战，国民政府既玩弄和平骗局，与中国共产党举行重庆谈判，又派兵抢占战略要地，不断向解放区发动进攻，造成严重的内战危机。

　　第二次世界大战后，美国成为世界头等经济和军事强国，积极向全球扩张，企图"建立美国在世界上的统治地位"。欧洲是它重点要控制的地区，亚洲特别是中国也是它所要控制的重要地区。国民政府是美国为统治中国所需要的一个工具。还在发展壮大的中国共产党的力量则是美国所完全不能控制的。美国统治集团采取了"帮助国民党把他们的权力在最大可能的地区里面建立起来"，而限制乃至扼杀中国人民革命力量发展的对华政策。

1945 年 8 月 10 日，蒋介石获得日本投降的消息，立即训令何应钦："命令敌军驻华最高指挥官维持现状。""警告辖区敌军，除按政府指定之军事长官的命令之外，不得向任何人投降缴械"。次日，蒋介石亲自发布三道命令：要国民政府军队"加紧作战努力，一切依照既定军事计划与命令积极推进，勿稍松懈"；命令伪军"应就现驻地点负责维持地方治安……不得受非本委员长许可之收编"；命令第十八集团军"原地驻防待命"，"各部勿再擅自行动"。蒋的命令遭到八路军、新四军的拒绝。接着蒋划定 15 个受降区，每一个受降区都委派了听命于自己的战区司令长官或集团军总司令为受降长官。但是国民党的主力部队，大都远在大后方的西南和西北，还有几十个美式机械化师，远在滇西缅北的崇山峻岭之中。而共产党领导的抗日武装，大都在华北、华东一带抗日前线地区。为此，美国积极组织运输力量，把分散在后方的国民党军队运送到被人民军队所包围的日本侵略者占领的城市和进攻解放区的前线。至 10 月，蒋介石在美国帮助下，从空中、从海上运送 80 万军队，抢占了上海、南京、北平、天津等大城市和华东、华北、华中各处的战略要地，并在沿海抢占据点，大规模空运部队进占东北。到 1946 年 6 月，国民政府拥有 430 万军队，占据着 3.3 亿人口的地区，控制了所有大城市、大部分交通干线和丰富资源。美国还公然亲自出马，为蒋军抢占城市和交通要道打先锋，侵占中国领土。例如，1945年9月30日，美国海军陆战队第一师在塘沽登陆。10月初至中旬，美军第三师、第六师先后在秦皇岛、青岛登陆，侵入烟台海港等。美海军航空队也随即进入华北。至11月底，驻华美军达11万多人。这些美国士兵在中国的土地上为所欲为，肆无忌惮，极大地助长了蒋介石国民党的反共气焰。

国民政府在抢占战略要地的同时，派出大批官员到收复区接收敌伪资产，大量掠夺人民的财富，大发"胜利财"。据国民党六届二中全会公布，共接收敌伪物资价值6200亿元。实际上，由于贪污、盗窃数额巨大，据报纸估计，接收总价值约达数万亿元之多。四大家族通过接收，迅速扩张各种金融机构和大型工商企业，到1946年6月，控制了官营银行达2400家，占银行总数的70%，并拥有80%以上的产业资本。在接收过程中，不同系统重复接收，很多机关互相争夺。许多国民党军政官员，更趁接收之机，贪污盗窃，敲诈勒索。他们随意给人戴上"汉奸"、"通敌"的帽子，以便榨取资财，用不等价办法，以法币兑换伪币，从中渔利，造成了社会不宁，民怨沸腾。国民党的这种接收，给收复区人民带来了新的灾难，导致大批工厂停工，商店倒闭，百业凋敝，物价飞涨。上百万工人、店员失业，流浪街头。老百姓失望地说："盼中央，望中央，中央来了更遭殃。"

和平烟幕　内战再起

　　蒋介石迫于内外形势，摆出和平的姿态，邀请中共代表进行谈判，但背地里却加紧军事部署，发动对解放区的进攻，导致内战再起。

　　抗日战争胜利后，国内外普遍发出要求和平民主的呼声。中国人民的觉悟程度和组织程度也有很大提高。中国共产党已成为拥有 120 万党员的大党，领导着一支 120 万人的军队、220 万人的民兵，建立起来了大小 19 块解放区，约占全国总面积的 1/4，总人口的 1/4。中国共产党在全国人民心目中享有崇高的威信，已经成为决定中国前途命运的举足轻重的力量。共产党在清醒估计战后国内外形势的前提下，制定了正确的方针和策略。中共早就提出建立联合政府的建议，诚意地表示愿和国民党及其他民主党派合作，愿与国民党恢复谈判。当时的国际舆论也不赞成中国打内战。美苏两国从各自的利益出发，都表示支持国共两党进行谈判。蒋介石看到这一点，同时，国民政府也还需要时间抢占战略要地和部署军事力量。1945 年 8 月 14 日、20 日、23 日，蒋介石以国民政府主席名义连发三电，邀请中共中央主席毛泽东赴渝面商"国家大计"。28 日下午，毛泽东与周恩来、王若飞，在前来迎接的国民政府军委会政治部部长张治中、美国驻华大使赫尔利陪同下，从延安飞抵重庆。

　　毛泽东抵渝后，与蒋介石进行了几次会面和谈判。

国民政府派出王世杰、张群、张治中、邵力子，同周恩来、王若飞进行具体谈判。起初，双方意见分歧很大。蒋介石一边谈判一边派兵进攻华北各解放区，施加军事压力。共产党采取"针锋相对，寸土必争"的方针，于绥远、上党等地粉碎国民党的进攻，迫使他们继续谈判。经过40多天商谈，终于在10月10日签署了《政府与中共代表会谈纪要》，通称《双十协定》。列入《政府与中共代表会谈纪要》的12个问题中，有的只是各自陈述意见，候以后继续协商或交政治协商会议解决。谈判中争论最多的是解放区的军队和政权问题，由于国民政府坚持"你交出军队我给你民主"的一贯方针，而未能达成协议。这次谈判的主要成果，一是确定了和平建国的基本方针和途径，即"必须共同努力，以和平、民主、团结统一为基础，并在蒋主席领导之下，长期合作，坚决避免内战，建设独立自由和富强的新中国，彻底实行三民主义"；并以"政治民主化、军队国家化及党派平等合法，为达到和平建国必由之途径"。二是确认国民党应"迅速结束训政，实施宪政，并应采取必要步骤，由国民政府召开政治协商会议，邀集各党派代表及社会贤达协商国是，讨论和平建国方案及召开国民大会各项问题"。10月11日，毛泽东返回延安。周恩来、王若飞留渝继续同国民政府代表商谈召开政协等问题。11月25日，周恩来返回延安，重庆谈判告一段落。

国民政府根本没有执行《政府与中共代表会谈纪要》的诚意。10月13日，蒋介石就下达"剿匪"密令，严令各战区长官遵照他在十年内战期间手订的

《剿匪手本》，"督励所属，努力进剿，迅速完成任务"。在蒋的命令下，国民政府80万军队沿津浦、平汉、同蒲、平绥铁路沿线向解放区展开进攻。在解放区军民的英勇反击下，国民政府军队遭到失败，损兵折将10余万人。

在解放区军民胜利反击战的推动下，国民党统治区反内战运动也高涨起来。中国民主同盟等纷纷发表反对内战的谈话。他们严正指出："当前中国第一件事就是停止内战"，"谁要发动内战，谁就是全国的公敌"，并要求召开政治协商会议。世界各国也普遍关注战后中国问题的妥善解决，希望"内战必须停止"。

在这种情况下，美国政府决定采取较为慎重的策略，再次出面调解国共两党的争端。1945年12月，美国政府派马歇尔为总统特使来华，借所谓"调解国共军事冲突"之机，从各方面加强美国侵略势力和国民政府的统治地位。马歇尔（1880～1959），美国外交官，军人出身。他曾研究过中国和远东问题，有"中国通"之称。第二次世界大战期间，任美军参谋总长，海陆空三军参谋长联席会议主席，五星上将。他带着美国总统杜鲁门的训令，12月20日到达上海，21日到南京同蒋介石会晤，后到达重庆，进行"调处"活动。

马歇尔调处国共冲突的最初三个月，以仲裁人的姿态出现，表示了一种和平民主的愿望。在他的参与和调停下，国共两党先后达成了停战协定、政协5项协议等。但是美国政府的对华政策是：一面调处争端，促成停战；一面又单方面给国民政府以大量的军事、经济"援助"，大大增强了它发动全面内战的实力。

马歇尔到达重庆时，国共代表正在商谈召开政治协商会议的问题，出席政协会议的中共代表团早已到达重庆。中共代表团认为，停止军事进攻是召开政治协商会议的前提条件，遂向国民政府提出立即无条件停战的建议。国民党为求缓兵之计，也就同意了此项建议，从而开始了国共双方并有马歇尔居间参加的停战谈判。1946 年 1 月 5 日，国共双方就停止国内军事冲突达成一致协议。1 月 7 日，成立了军事三人小组，即国民党张群（后为张治中、徐永昌）、共产党周恩来、美国马歇尔，负责指导停战及谈判整军问题。1 月 10 日，国共双方签署停战协定，同时分别下达了停战令。

同日，政治协商会议在重庆开幕。参加会议的有来自五个方面的 38 名代表，其中国民党 8 名，共产党 7 名，民盟 9 名，青年党 5 名，无党派人士 9 名。蒋介石为会议召集人和主席。1 月 31 日会议闭幕。会议最后通过政府组织、和平建国纲领、增加国民代表大会名额、修改宪法草案、军队整编等 5 项协议。这些协议不同程度地体现了和平与民主原则，否定国民党的一党专政及其奉行的内战政策，确认了和平建国的基本方针；设计了国家实行议会制、内阁制、省自治的政治方案；同时，政协及其协议所体现的党派平等协商精神在人民心目中留下了深刻的印象。然而，会议的成果很快遭到蒋介石国民党的破坏，使这次实现民主统一和平建国的尝试成为泡影。

同各党派一起协商国是，实非国民党当局的本意。在政协会议召开期间，发生了殴打政协代表和工作人员的沧白堂事件。政协协议签订后，国民党当局又指使特务，冲散重庆各界在较场口的庆祝会，打伤李公朴、郭沫若等60余人。1946年3月召开的国民党六届二中全会，更是全面推翻政协决议。蒋介石在会上宣称："这一全体会议不仅关系本党的成败，而且关系国家的存亡"。他说政协通过修改宪草原则，"有若干点实在与五权宪法的精神相违背"，应"就其荦荦大端，妥筹补救"。3月16日，会议通过《对政协报告的决议案》，国民党单方面规定：制定宪法应以《国民政府建国大纲》为最基本之依据；监察院不应有同意权；撤销国防最高委员会，恢复中央政治委员会，其权力置于国民政府委员会之上；军队国家化是政治民主化的主要条件，限中共军队三个月内接受统编，否则所有政协决议全部宣告无效。这实际上撕毁了政协协议。

1946年5月5日，国民政府迁回南京。国共谈判中心从重庆移到南京，继续对东北问题、停战问题进行谈判。蒋介石一直把抢占东北作为挑起内战的目标之一，在停战协定中，坚持将东北除外。1946年3月，苏军撤离东北后，国民党集中5个军向东北解放区发动大规模进攻，占领了沈阳、抚顺、铁岭，并北犯四平，造成"关内小打，关外大打"的局面。5月下旬，蒋亲自到沈阳督战。经马歇尔一再调停，自6月6日起，双方在东北停战15天，进行谈判。但国民党在完成了内战的各项准备之后，彻底撕毁了国共两党签署的停战协定和政协会议决议。蒋介石借口共产党拒绝从苏北、皖南等地撤退，公然调集 20 余万军队，于 1946 年 6 月下旬，围攻以宣化店为中心的中原解放区；同时又向华东、晋冀鲁豫、晋察冀、东北等解放区进攻，动用的总兵力达 160 余万人，发动了全面内战。

 新签条约　辱国丧权

国民政府为了在内战中取胜，不惜接受使中国沦为美国的附庸国的种种新的不平等条约和协定，以换取美国的"援助"。美国政府曾在"白皮书"中供认，它给国民政府的"援助"，等于这个政府"货币支出百分之五十以上，在比例上超过战后美国对任何西欧国家的援助数量。"国民政府则以出卖中国主权为代价予以报偿。从 1945 年 8 月到 1946 年 10 月，为取得美国数十亿美元的物资和贷款，国民政府先后同美国签订许多协定。美国实际上已从中国取得了相当多的领土权、领空权、领海权及内河航行权。

但是美国并不以此为满足。尤其是在全面内战爆发后，国民政府为了得到更多的"美援"，进一步出卖中国主权。1946 年 11 月 4 日，国民政府同美国于南京签订《友好通商航海条约》，简称《中美商约》。这是一个全面出卖中国主权的条约。它把美国在中国取得的许多特权都用法律形成固定下来，并且更加扩大。在这个条约上签字的有：国民政府外交部部长王世杰、条约司司长王化成与美国政府全权代表施麦斯、驻华大使司徒雷登。

《中美商约》共 30 条 77 款，附有《议定书》。条约名为"通商航海"条约，实际涉及中美两国间政治、经济、军事、文化等各个方面。

《中美商约》正式公布后，国民政府的《中央日报》和"中央社"极力宣传，声称新商约的签订，是一件值得"重视"和"欣慰"的事，是"符合平等互惠原则的"，并要以此为"中国战后与其他国家签订协定的蓝本。"这完全是自欺欺人之谈。他们不以丧权辱国为耻，反以卖国为荣。事实上这个条约是不折不扣地独惠于美国，而极大地损害中国主权的不平等条约。

虽然从表面上看，这个条约每项条款上都写着"缔结双方"的字样，好像两国都享有对等的权利，貌似一个机会均等、利益均沾的"平等条约"。但是只要把中美两国的实际情况及当时各自的综合国力进行一番比较，破绽就露出来了。第二次世界大战后的美国，经济上和军事上迅速膨胀，一跃而为资本主义世界的头等强国；而半殖民地半封建的中国刚刚经历了八年抗战的磨难，根本不具备和美国对等的贸易条件。根据条约，美国人可以任意掠夺中国的物产资源而不受阻止，美国的商品可以毫无限制地倾泻到中国市场上来，中国关税的自主权完全被剥夺而不能采取保护措施。因此，许多看似平等的条款，实际上却只能由美国单方面受益。

美国通过《中美商约》等不平等条约的签订，及

大量向中国输出商品和资本，从政治、军事、经济上
全面控制了国民党政权。中国的海关、财政金融为美
国所控制，国民政府的货币也成为美国的附庸。实际
上美国成为国民政府的"太上皇"，国民党统治区已变
成美国独占的殖民地。为了维护美国在华的既得利益，
美国不惜源源不断地出钱出枪，由国民党出人，继续
扩大中国内战，大量屠杀中国人民。

 ## 制宪国大　改组政府

　　全面内战爆发时，国民党在兵力、装备、财政、
地理条件等方面都占有明显的优势。蒋介石凭借其优
势，企图在3个月至6个月内消灭中国共产党领导的
人民武装。而在中共中央和毛泽东正确作战方针指导
下，人民解放军不计一城一地的得失，大踏步前进，
大踏步后退，集中优势兵力，在运动中各个歼灭敌人。
战争初期的头4个月，国民党军攻占了解放区的菏泽、
淮安等城镇153座，但付出重大的伤亡代价，从1946
年6月到1947年2月，国民党军队损兵折将7万多人。
1946年10月11日攻占张家口，是国民党军进攻解放
区达到的高峰。

　　此时国民党当局被胜利冲昏头脑，不顾共产党、
民主同盟等各民主党派的反对，公然践踏政协决议，
单方面强行召开"国民大会"。这次大会是要制定"宪
法"，故称"制宪国大"。按照政协协议所规定的"国
大"召开程序，必须是在内战完全停止、政府已经改

组、宪草修正案完成之后才能召开，而且要各党派共同出席。但蒋介石不经与各方协商，公然宣布当年11月12日召开"国大"。9月，国民党一面进攻张家口，一面催促各党派提交参加"国大"的代表名单。蒋介石一意孤行，在中共、民盟及其他民主分子拒绝参加的情况下，便拉青年党、民社党及一些所谓社会贤达，于1946年11月15日在南京召开了非法的"国大"。出席大会的代表本应为2050名，实际出席开幕式的代表只有1355名，其中绝大多数为国民党党员，并为10年前"选举"的旧代表。

11月28日，蒋介石以政府名义向大会提交了"宪法草案"，并在会上说："国民政府将宪法草案提交国民大会以后，可以说政府已经将国家的责任交给全国人民了。从今天起，全国人民就要开始担负这个重大的责任。"经过形式上的讨论，"国民大会"于12月25日正式通过《中华民国宪法》，即告闭幕。会议决定，这部宪法于1947年1月1日由国民政府公布，同年12月25日开始施行。

"制宪国大"通过的《中华民国宪法》，是以蒋介石为代表的中国大地主大资产阶级的政权在行将覆灭时为挽救统治而制定的。它共有14章175条。第一章为"总纲"，宣称"中华民国基于三民主义，为民有民治民享之民主共和国"。第二章为"人民之权利义务"，罗列了欧美国家宪法中有关人民权利、义务的条文，但附有相应的限制条款。第三章为"国民大会"。第四章为"总统"，规定"总统为国家元首，对外代表中华民国"，"总统统帅全国陆海空军"等。第五至第九章分别规定行政、立法、司法、监察、考试五院的职能及院长的产生办法。第十至第十四章分别规定中央与地方的权限、地方制度、四权（选举、罢免、创制、复决）的行使、基本国策、宪法之施行及修改。上述内容除套用欧美资产阶级宪法中的一些条款外，实质上是10年前"五五宪草"的翻版，根本背离了政协决议的精神。这部宪法在形式上也标榜"议会制"和"责任内阁制"，还规定某些地方自治和人民民主自由的条款，但同时做了种种限制，实际上无法实现。当这部宪法出笼时，周恩来就代表中共中央指出，"只有把它当做袁世凯宪法和曹锟贿选宪法一样看待"。民盟和其他民主党派也分别发表声明，严厉谴责国民党一党召集"国大"、制定"宪法"的做法，表示坚决反对和否定。

4月18日，南京国民政府改组。蒋介石任国民政府主席。国民政府委员共29名，其中国民党17席，孙科任国民政府副主席兼立法院院长，张群任行政院院长，居正任司法院院长，于右任任监察院院长，戴季陶任考试院院长，除以上为当然委员外，国民党尚有张继、邹鲁、宋子文、翁文灏、王宠惠、章嘉呼图克图、邵力子、王世杰、蒋梦麟、钮永建、吴忠信、陈布雷等为国民政府委员。其他的政府委员是：青年党4席，为曾琦、陈启天、余家菊、何鲁之；民社党4席，为伍宪子、胡海门、戢翼翘，待补1名；社会贤达4席，为莫德惠、陈辉德、王云五、鲍尔汉。此外，还聘任 13 位国民政府顾问。

4 月 23 日，张群宣布组阁，以王云五为行政院副院长，王世杰为外交部部长，白崇禧为国防部部长，俞鸿钧为财政部部长，张厉生为内务部部长，李璜为经济部部长，左舜生为农林部部长，甘乃光为行政院秘书长等。

国民政府改组后，国民党当局即宣称："多党政府"、"联合政府"业已成立。实际上这个政府仍然在国民党的严格控制下。虽然国防最高委员会已撤销，但正式恢复起来的国民党中央政治委员会，有权决定国家的大政方针和重要人事任免，地位凌驾于国民政府之上。南京政府这种"换汤不换药"的改组，激起了社会舆论的谴责和人民群众的普遍反对。

十　南京政府的覆灭

 "戡乱"动员　天怒人怨

全国内战爆发后，国民政府军费开支激增，财政赤字连年增长，内外债沉重。1946 年其军费支出为 6 万亿元，占该年实际支出总额的 86％，财政赤字约 6 万亿至 8 万亿元。1947 年"财政赤字至少达 87 万亿元以上"。1947 年内债达 18580 多万美元，外债达 85750 多万美元。为了弥补财政赤字，除加重对人民的剥削搜刮外，便是滥发钞票，由此引起货币贬值，物价狂涨。以抗战爆发前为标准，到 1947 年底物价上涨了 14.5 万倍，高过战后任何一国。严重的经济危机，使广大人民群众的生活难以维持，被迫为了生存而斗争。

这时全国人民反对内战，争取民主和反美抗暴的斗争如火如荼地开展起来，南北各大学风潮迭起。1946 年底，驻华美军在北平强奸北京大学女学生。以此为导火线，触发了以北平为中心的抗议美军暴行的群众运动，并迅速席卷全国各地，有 50 万学生举行罢课和示威游行，反对美蒋勾结。1947 年 2 月 28 日，台湾人民掀起了历时半个多月的反抗国民党暴政的武装起义。起义虽遭镇压，却推动了国统区民主运动的发展。1947年5月，爆发了"反饥饿、反内战、反迫害"运动，形成了反对国民党统治的第二条战线。为了镇压群众运动，国民政府公布了《维持社会秩序临时办法》，禁止10人以上的请愿和一切罢工、罢课、示威游行，并授权各地采取紧急措施。

国民政府在发动对解放区全面进攻的初期，虽占领了部分地区，但有生力量不断被歼，实力下降，至1947年3月，被迫改为重点进攻陕北和山东解放区。3月中旬，蒋介石命胡宗南率20余万兵力进犯陕北，19日占领延安，企图寻找解放军主力决战，数次遭西北野战军的伏击，被歼3万余人。在山东战场，蒋介石以顾祝同指挥25万多的兵力，于3月下旬至7月上旬，在沂蒙山区组织三次进攻，均被粉碎，2个整编师被全歼，其中第七十四师是国民政府军五大主力之一。从此，人民解放军由防御转入进攻，国民政府军由进攻转入防御，节节败退。

鉴于极其严重的政治、军事和经济形势，南京国民政府在得到美国方面的授意和支持后，6月28日，由最高法院下令"通缉"毛泽东。接着，开始实行所谓"戡乱总动员"和党务改革。7月4日，国民政府第六次国务会议通过了蒋介石交议的《厉行全国总动员，以戡平共匪叛乱，扫除民主障碍，如期实施宪政，贯彻和平建国方针案》，次日颁布了《全国总动员令》。其后将中共参政员除名，取消中共国大代表及国民政府委员保留名额。国民党当局把国共十年合作关系从内容到形式完全破裂。7月7日，蒋介石发表"戡乱建国"演说。7月18日，国民政府发布《动员戡乱完成宪政实施纲要》。此后又陆续发布了一系列法令，贯彻其"戡乱建国"的反动决策。9月27日，蒋介石在南京召开秘密会议，布置对民主人士的大逮捕，各地立即行动。首都卫戍司令部和南京政府限令全市所有共产党人及其"关系人"，均需登记，"逾期即依法逮捕"。此后，大批民主人士和青年学生、工人，被当做"共产分子"或"共党嫌疑"惨遭逮捕和杀害。

但全国形势的发展与蒋介石、国民政府的愿望相反。正当他们紧张策划"总动员"之时，6月底，在晋冀鲁豫解放区的刘伯承、邓小平率领13万大军渡过黄河，挺进大别山，揭开了人民解放军战略大反攻的序幕。为配合刘邓大军南下，八九月间，陈赓、谢富治率领另一支晋冀鲁豫野战军8万余人，由晋南强渡黄河，挺进豫西；陈毅、粟裕率领华东野战军18万余人越过陇海路，辗转豫皖苏地区。三支大军互相配合，逐鹿中原。这一胜利，冲破国民党军队对解放区的围攻，把战争引向国民党统治区。接着，国民党的全面防御计划也遭到失败，蒋介石只好实行分区防御。1947年底至1948年夏，国民党军事当局在华北（北平）、东北（沈阳）、华中（汉口）、华东（徐州）、西北（西安）分别设立了"剿匪"总司令部，提出军事、政治、经济三位一体的总体战略方针，但未能改变败局。1947年10月，中国共产党发布《中

151

国人民解放军宣言》，提出"打倒蒋介石，解放全中国"的口号，提出"联合工农兵学商各被压迫阶级、各人民团体、各民主党派、各少数民族、各地华侨和其他爱国分子，组成民族统一战线，打倒蒋介石独裁政府，成立民族联合政府"。中国共产党的主张得到了全国各阶层人民的热烈欢迎和拥护。1947年，解放区深入开展土地改革，巩固工农联盟，成为人民民主统一战线的基础，广大农民有力地支援了人民解放战争。

国民政府的"戡乱总动员"、血腥镇压和屠杀，压制不了反内战、争自由的爱国民主运动。浙江大学学生会主席于子三1947年10月29日被国民党特务秘密杀害，又一次激起国统区学生反迫害、争自由的反蒋运动。平、津、沪等12城市10余万学生举行罢课和其他声援活动。次年春夏之间，又爆发大规模的反迫害、反饥饿斗争和反对美国扶植日本的运动，反美反蒋的怒潮席卷全国。

随着形势的发展，国民党内的民主派和其他民主党派也积极投入反对蒋介石、国民政府统治的斗争。1947年底，国民党民主派在香港召开联合代表大会，宣布脱离蒋介石控制的国民党，于1948年1月正式成立中国国民党革命委员会，提出"推翻蒋介石独裁统治，建立民主、和平、幸福的新中国"的口号。与此同时，被国民政府内政部宣布为非法的民主同盟，在香港集会，决定重建民盟总部，恢复活动，与中国共产党等结成坚强的民主统一战役。此外，中国农工民主党、中国民主促进会等民主党派和爱国人士，也都广泛开展打倒蒋介石独裁政府的斗争。

 ## 行宪国大　总统登场

在"制宪国大"后改组的国民政府主持下，1948年3月召开了"行宪国大"，选举出总统、副总统，南京国民政府改为总统府，国民政府五院改为行宪五院。

蒋介石在险恶的形势下，为给自己的统治披上新的合法外衣，迫不及待地筹备召开"行宪国大"。1947年6月13日，成立了以张厉生为首的全国选举总事务所，11月又成立以孙科为主任的国大筹委会，开始进行国大代表的选举。

由于国民党内部派系矛盾，国民党与民社党、青年党之间明争暗斗，使国大代表难以产生。国民政府只得宣布"国大延期召开"。一些官僚、政客、豪绅都要当代表，采取种种舞弊手段；而国民党为了标榜实行"多党政治"，要让出一些代表名额给青年党、国社党和"社会贤达"。于是引起了请愿、闹事、绝食、哭灵、包围中央党部，甚至准备抬棺材到会场门口等事件。最后国民政府采取承认既成事实的办法，承认国民党一些人的代表资格有效，同时又使民社党获202席，青年党获220席以上，才使风波暂时平息。

1948年3月29日，国民大会在南京开幕。当选代表为2908人，出席会议的实到代表只有1679名。这次名为"实施宪法"的国民大会，其实际内容只是选举总统、副总统而已。4月19日，蒋介石以2430票当上了大权独揽的总统，陪选的居正获269票。

在副总统的选举中，蒋系和桂系展开了激烈的角逐。李宗仁在美国支持下决心竞选副总统，孙科也公开表示竞选副总统。蒋介石与桂系矛盾尖锐，因而扶孙排李。4月3日，蒋出面劝说李宗仁退出竞选，并说副总统人选已由中央提名孙科。李宗仁当即拒绝退出竞选，并与于右任、程潜等结成竞选联盟。经过几番周旋，四轮投票，4月29日，李宗仁终以1438票对1295票战胜孙科当选为副总统。5月1日，"行宪国大"闭幕。

5月17日，孙科、陈立夫当选为立法院正、副院长。5月19日，南京国民政府宣告结束。5月20日，总统蒋介石、副总统李宗仁宣誓就职，《中华民国总统府组织法》付诸实施。由于总统行使紧急处分权不受立法院限制，蒋介石经常以手令行使职权，独裁一切。

按照《中华民国宪法》的规定，国民党政权采取国民大会下的总统制。宪法对国民党训政时期的政治体制作了若干改变：①国民政府主席改为总统，为国家元首，对外代表中华民国，对内总揽一切国家权力，并被赋予发布紧急命令的特权。②取消"国民政府"名称，在总统下设立一个总统府。总统府设立资政、参议、秘书长、参军长、典玺官等职，还设警察总队、军乐队、一至六局，侍卫、机要、统计三室，人事、会计二处，中央研究院、国史馆，稽勋、国策顾问、战略顾问、国父陵园管理委员会等机构。③训政时期的五院转为宪政时期的五院，有局部的人事调整和次要的制度变化，基本制度没有变。其中立法院委员改为"民选"，任期3年，院长由立法委员互选产生；行政院院长改为总统提名，立法院同意任命；司法院院长改为总统提名，监察院同意任命；监察院委员改为各省、市议会和蒙古、西藏地方议会以及华侨团体选举产生，院长由监察委员互选产生；考试院院长改为总统提名，监察院同意任命。1948年5月至6月，五院院长陆续产生，继立法院长之后，翁文灏、顾孟余（后为张厉生）任行政院正、副院长；于右任、刘哲为监察院正、副院长；王宠惠、石志泉为司法院正、副院长；张伯苓、贾景德为考试院正、副院长。

实际上，总统府不过是蒋介石"实施宪政"办理日常政务的场所，核心发号施令的处所，仍是他的黄埔官邸。他的委员长侍从室虽然在抗战胜利后撤销了，但名亡实存，新成立的"军务局"和"政务局"同侍从室一样调度一切，党、政、军、财、文都管。蒋对人事任免权抓得更紧，规定全国的简任以上文官和上校以上武官，都由总统直接任免；荐任文官和上尉以上武官也要经蒋批准任免，由《总统府公报》发布。

在选举总统、副总统，设置总统府和五院机构过程中，国民党内部进一步分裂，蒋桂矛盾更加尖锐。蒋介石为防止李宗仁、白崇禧合谋，免去了白崇禧的国防部长职务，以何应钦代之。随后又撤换了桂系将领李品仙、夏威的职务。"行宪国大"不仅未能稳定国民党政权的统治，反而促使其内部更加分崩离析，加速走上覆灭的道路。

 决战溃败　危机四起

国民党军队经过两年的不断失败，军事实力严重削弱。战争的第一年，国民党军被歼 112 万人，被迫从战略进攻转入防御。战争的第二年，其军队被歼 152 万人。到 1948 年秋，国民党军队虽总兵力仍然保持在 360 余万人，而能用于第一线作战的只有 170 余万人。五个战略集团分别被钳制在东北、华北、西北、中原、华东五个战场上。军队士气低落，战斗力下降，完全失去了战略主动权。

为了挽救危局，1948 年 7 月底 8 月初，国民党在南方召开军事会议，决定将"分区防御"改为"重点防御"，裁撤了绥靖区，收缩战线，集中兵力于沈阳、北平、西安、汉口、徐州五大战略要地，以卫立煌、傅作义、刘峙、胡宗南、白崇禧分别担任各战区总司令，掌握各战区的军政大权。各"剿总"企图依托大城市坚固的阵地进行防御，同时抽调精锐部队组编机动兵团，加强应援能力。而此时国民党统治区人民的民主运动日益高涨，其后方统治亦是风雨飘摇。

与此相反，人民解放军总兵力已发展到 280 万人，其中正规军 149 万人，既能在野战中大量歼敌，又能夺取敌人守备坚固的据点和城市。经过土地改革，广大群众进一步发动起来，工农业生产迅速发展，使人民解放军的兵源和物质力量有了进一步的保证。1948年春，毛泽东、周恩来、任弼时率中共中央机关和人民解放军总部到达晋察冀解放区的平山县西柏坡村，与前此到这里的刘少奇、朱德率领的中央工作委员会会合。中央军委和毛泽东根据战局发展的变化，适时地把强大的攻势引入到就地歼灭国民党军重兵集团的战略决战。

人民解放军首先于1948年9月12日在东北发动了辽沈战役。当时东北国民党军收缩在沈阳、长春、锦州三个孤立据点。9月中旬，联结东北和华北的战略要点锦州陷入解放军重围，国民党军力图打通北宁路，夺取主动权。蒋介石于9月30日飞抵北平，召开紧急军事会议，决定调集兵力由海路增援锦州；10月，蒋三次飞临沈阳，亲自指挥东北战场作战，仍无力挽回败局。11月2日，东北全境解放，国民党军被歼47万余人。

与此同时，国民党军以徐州为中心部署80万重兵，拟定了"徐蚌会战计划"，决定在蚌埠附近与解放军决一死战，固守徐州，保住南京。11月6日，解放军以60万大军发动淮海战役，至1949年1月上旬结束，歼灭国民党主力部队55万多人，解放了长江中下游以北广大地区。

在淮海战役接近结束时，东北解放军挥师入关，与华北部队会合，发动平津战役。经过60多天的战斗和谈判，歼灭和改编国民党军52万人，攻占天津、张家口等城市，1949年1月31日，北平宣布和平解放。

经过三大战役，国民党军队被歼 154 万多人，蒋介石赖以发动内战的主力部队几乎损失殆尽。国民党政府在军事、政治和经济等方面都已濒临绝境。国民党的总兵力下降到 204 万人，其中能用于作战的只有 146 万人。这些部队分布在从新疆到台湾的广大地区，已无法在战略上组成有效的防御。

同样严重的是国统区经济情况迅速恶化，陷于总崩溃。持续的战争吞食了国民党政府的巨大财力，军费开支达到总开支的 80% 以上，财政赤字占总支出的 90%。四大家族用滥发纸币来支撑门面，继续大量劫夺人民的财富，致使通货恶性膨胀，物价疯狂暴涨。例如，1948 年 7 月，上海大米价格，每担涨到 4000 万法币，比战前涨了 400 万倍。为了挽救财政经济危机，蒋介石使用《动员戡乱临时条款》的特权，于 1948 年 8 月 19 日颁布了《财政经济紧急处分令》。其内容有：即日起发行金圆券以代替法币和东北流通券；限期收兑人民所有黄金、白银、银币和外汇；限期登记管理本国人民存放国外的外汇资产；整理财政并加强管理经济。《财政经济紧急处分令》颁布之初，上海等地人民忍痛将手中的金银、外币兑成金圆券。但金圆券流通只有 8 个月就成了废纸。民间的金、银、外币等几亿美元的巨额财富，转眼间就被四大家族吞并了。这种野蛮的掠夺，把广大的工人、农民、小资产阶级推向饥寒交迫的境地，资产阶级的企业和积蓄也遭浩劫，还损害了四大家族以外的大资产阶级的利益。至此，国民党政权到了人心丧尽，为民唾弃的地步。

国民党发行金圆券的失败，加重了经济总崩溃，从而加速了南京政府的垮台。1948 年 11 月 26 日，行政院院长翁文灏因无法维持政局而辞职，蒋介石提名孙科为行政院院长。继而，蒋派宋美龄赴美国"吁请加强援助，俾迅速完成戡乱任务"，但遭受冷遇，未能成功。美国政府不得不承认蒋介石政府已难以挽救。这时蒋介石仍不甘心失败，在长江以南及西北地区继续拼凑军事力量，准备顽抗。又于 1949 年元旦发表文告，宣称愿意同共产党"商讨停止战事恢复和平的具体办法"，但提出了以保存旧宪法、法统和国民党军队作为国内和平的前提。中国共产党提出惩办战争罪犯、废除伪宪法和伪法统、改编一切反动军队、没收官僚资本、改革土地制度、废除卖国条约、召开没有反动分子参加的政治协商会议、成立民主联合政府等八项条件，作为进行和平谈判的基础。蒋介石无机可乘，被迫于 1 月 21 日宣布引退，副总统李宗仁代行总统职权。但蒋退到奉化家乡后，仍以国民党总裁身份操纵南京政府。

4　和谈破裂　政权终结

李宗仁代行南京政府总统职权后，作出种种"和平"姿态。1 月 22 日，在他发表的文告中表示："决定和平建国之方针，为民主自由而努力"；采取了一些"培养国内和平空气"的措施。他电邀李济深等共同策进和平运动，取消戒严令，将"剿总"改名为军政长官公署，宣布释放政治犯等。1 月 27 日，李宗仁正式致电毛泽东表示："政府业已承认，以贵方所提'八项条件'作为和谈的基础"，要求即行和谈。这时以孙科为院长的行政院迁往广州办公，3 月 8 日，孙科内阁总辞职。12 日，李宗仁经蒋介石同意任命何应钦为行政院长。3 月 24 日，李宗仁、何应钦决定张治中、黄绍竑、章士钊、李蒸为和谈代表，后又加派刘斐，张治中为首席代表，以"就地停战"和"划江而治"为腹案，准备与中共谈判。中共对李宗仁政府采取了宽容和争取态度，指派周恩来、林伯渠、林彪、叶剑英、李维汉为和谈代表，后又加派聂荣臻，周恩来为首席代表。4 月 1 日，国共两党代表团在北平开始举行谈判。经过半月协商，4 月 15 日达成了《国内和平协定》（最后修正案）8 条 24 款。中共代表团宣布 4 月 20 日为最后签字日期。16 日，国民党政府代表团派黄绍竑将协定文本带回南京。但国民党在广州召开中常会和中央政治会议并发表声明，拒不接受这个协定。4 月 20 日夜，李宗仁、何应钦电复北平国民党政府代表团，拒绝在国内和平协定上签字，还要张治中向中共提出"成立临时停战协定"。

4 月 21 日，中国人民革命军事委员会主席毛泽东和中国人民解放军总司令朱德发布向全国进军令。百万雄师强渡长江，摧毁了国民党军的防线，于 23 日解放南京。这标志着早已四分五裂的南京国民党政权的彻底崩溃，宣告了国民党在中国大陆 22 年统治的终结。在南京解放前夕，总统府和其他一些统治机构，匆忙逃往广州。代总统李宗仁先逃往桂林，5月8日到广州继续任职。5月30日，何应钦内阁总辞职。6月3日，阎锡山出任行政院院长兼国防部部长，6月12日组成所谓"战斗内阁"。人民解放军占领南京后，继续奋战，先后解放上海、杭州、南昌、武汉等城市，残余的国民党军纷纷退回两广、西南、西北及台湾等地。

蒋介石从幕后走到前台，7月飞抵广州，组成国民党非常委员会，自任主席，直接掌握军政大权。为了彻底消灭国民党残余势力，人民解放军分路展开追歼战，席卷两广、福建和西北。在人民解放军胜利进军的形势下，绥远、新疆、湖南、云南等省的国民党军政人员通电起义。10月12日广州解放前夕，国民党政府残余机构和国民党中央迁往重庆，11月底迁往成都。早在1948年12月，蒋介石即任命陈诚为台湾省主席，蒋经国为台湾省党部主任。1949年初，国民党政府陆续将大量黄金、文物、机密档案等运往台湾。6月，蒋介石定居台北市郊草山。8月，在草山设立国民党总裁办公室。11月14日，蒋飞抵重庆，企图在西南组织力量进行顽抗，再次失败。11月30日重庆解放时，蒋飞逃成都。12月上旬，解放军逼近成都，8日，蒋召开紧急会议，决定国民党所有残余机构撤往台北。12月10日，蒋从成都飞往台北。从此蒋介石和国民党政权的残余机构逃离大陆。

随着人民解放战争的节节胜利，建立新中国成为全国人民的迫切愿望。1949年9月，在中国共产党领导下，中国人民政治协商会议在北平隆重召开。中共中央主席毛泽东致词说："我们的会议是一个全国人民大团结的会议。""它将表明：占人类总数四分之一的中国人从此站起来了。"会议通过的《共同纲领》是中国人民的临时大宪章。《共同纲领》明确指出："中国人民解放战争和人民革命的伟大胜利，已使帝国主义、封建主义和官僚资本主义在中国的统治时代宣告结束。"会议还通过《中华人民共和国中央人民政府组织法》等重要文献，决定中华人民共和国定都北平，改名北京，采用公元纪年，以五星红旗为国旗，选举毛泽东为中央人民政府主席，选举产生政府委员，设立中央人民政府的相应机构。1949 年 10 月 1 日，中央人民政府委员会宣布就职，在北京天安门广场举行开国大典，毛泽东向全世界庄严宣告：中华人民共和国成立了。从此，半殖民地半封建的中华民国时代结束，开始了社会主义中国的新纪元。

国民党在中国大陆政权倾覆，共产党领导的人民民主政权胜利，这是历史的选择，也是历史的必然；这体现了中国广大人民的真诚愿望。

参考书目

1. 陈瑞云著《现代中国政府》，吉林文史出版社，1991。

2. 刘继增著《武汉国民政府史》，湖北人民出版社，1986。

3. 朱汉国著《南京国民政府纪实》，安徽人民出版社，1993。

4. 张静如等著《国民政府统治时期中国社会之变迁》，中国人民大学出版社，1993。

5. 史全生等著《南京国民政府的建立》，河南人民出版社，1987。

6. 张同新著《蒋汪合作的国民政府》，黑龙江人民出版社，1988。

7. 张同新著《陪都风雨》，黑龙江人民出版社，1992。

8. 丁永隆等著《南京政府的覆灭》，河南人民出版社，1987。

9. 张弓等著《国民政府重庆陪都史》，西南师范大学出版社，1993。

10. 张宪文著《中华民国史纲》，河南人民出版社，1985。

《中国史话》总目录

系列名	序 号	书 名	作 者
物化历史系列（28种）	25	陵寝史话	刘庆柱　李毓芳
	26	敦煌史话	杨宝玉
	27	孔庙史话	曲英杰
	28	甲骨文史话	张利军
	29	金文史话	杜　勇　周宝宏
	30	石器史话	李宗山
	31	石刻史话	赵　超
	32	古玉史话	卢兆荫
	33	青铜器史话	曹淑琴　殷玮璋
	34	简牍史话	王子今　赵宠亮
	35	陶瓷史话	谢端琚　马文宽
	36	玻璃器史话	安家瑶
	37	家具史话	李宗山
	38	文房四宝史话	李雪梅　安久亮
制度、名物与史事沿革系列（20种）	39	中国早期国家史话	王　和
	40	中华民族史话	陈琳国　陈　群
	41	官制史话	谢保成
	42	宰相史话	刘晖春
	43	监察史话	王　正
	44	科举史话	李尚英
	45	状元史话	宋元强
	46	学校史话	樊克政
	47	书院史话	樊克政
	48	赋役制度史话	徐东升

系列名	序号	书　名	作　者
制度、名物与史事沿革系列（20种）	49	军制史话	刘昭祥　王晓卫
	50	兵器史话	杨　毅　杨　泓
	51	名战史话	黄朴民
	52	屯田史话	张印栋
	53	商业史话	吴　慧
	54	货币史话	刘精诚　李祖德
	55	宫廷政治史话	任士英
	56	变法史话	王子今
	57	和亲史话	宋　超
	58	海疆开发史话	安　京
交通与交流系列（13种）	59	丝绸之路史话	孟凡人
	60	海上丝路史话	杜　瑜
	61	漕运史话	江太新　苏金玉
	62	驿道史话	王子今
	63	旅行史话	黄石林
	64	航海史话	王　杰　李宝民　王　莉
	65	交通工具史话	郑若葵
	66	中西交流史话	张国刚
	67	满汉文化交流史话	定宜庄
	68	汉藏文化交流史话	刘　忠
	69	蒙藏文化交流史话	丁守璞　杨恩洪
	70	中日文化交流史话	冯佐哲
	71	中国阿拉伯文化交流史话	宋　岘

系列名	序号	书　名	作　者
	72	文明起源史话	杜金鹏　焦天龙
	73	汉字史话	郭小武
	74	天文学史话	冯　时
	75	地理学史话	杜　瑜
	76	儒家史话	孙开泰
	77	法家史话	孙开泰
	78	兵家史话	王晓卫
	79	玄学史话	张齐明
	80	道教史话	王　卡
思想学术系列（21种）	81	佛教史话	魏道儒
	82	中国基督教史话	王美秀
	83	民间信仰史话	侯　杰
	84	训诂学史话	周信炎
	85	帛书史话	陈松长
	86	四书五经史话	黄鸿春
	87	史学史话	谢保成
	88	哲学史话	谷　方
	89	方志史话	卫家雄
	90	考古学史话	朱乃诚
	91	物理学史话	王　冰
	92	地图史话	朱玲玲

系列名	序号	书名	作者
文学艺术系列（8种）	93	书法史话	朱守道
	94	绘画史话	李福顺
	95	诗歌史话	陶文鹏
	96	散文史话	郑永晓
	97	音韵史话	张惠英
	98	戏曲史话	王卫民
	99	小说史话	周中明　吴家荣
	100	杂技史话	崔乐泉
社会风俗系列（13种）	101	宗族史话	冯尔康　阎爱民
	102	家庭史话	张国刚
	103	婚姻史话	张　涛　项永琴
	104	礼俗史话	王贵民
	105	节俗史话	韩养民　郭兴文
	106	饮食史话	王仁湘
	107	饮茶史话	王仁湘　杨焕新
	108	饮酒史话	袁立泽
	109	服饰史话	赵连赏
	110	体育史话	崔乐泉
	111	养生史话	罗时铭
	112	收藏史话	李雪梅
	113	丧葬史话	张捷夫

系列名	序号	书名	作者	
近代政治史系列（28种）	114	鸦片战争史话	朱谐汉	
	115	太平天国史话	张远鹏	
	116	洋务运动史话	丁贤俊	
	117	甲午战争史话	寇伟	
	118	戊戌维新运动史话	刘悦斌	
	119	义和团史话	卞修跃	
	120	辛亥革命史话	张海鹏	邓红洲
	121	五四运动史话	常丕军	
	122	北洋政府史话	潘荣	魏又行
	123	国民政府史话	郑则民	
	124	十年内战史话	贾维	
	125	中华苏维埃史话	杨丽琼	刘强
	126	西安事变史话	李义彬	
	127	抗日战争史话	荣维木	
	128	陕甘宁边区政府史话	刘东社	刘全娥
	129	解放战争史话	朱宗震	汪朝光
	130	革命根据地史话	马洪武	王明生
	131	中国人民解放军史话	荣维木	
	132	宪政史话	徐辉琪	付建成
	133	工人运动史话	唐玉良	高爱娣
	134	农民运动史话	方之光	龚云
	135	青年运动史话	郭贵儒	
	136	妇女运动史话	刘红	刘光永
	137	土地改革史话	董志凯	陈廷煊
	138	买办史话	潘君祥	顾柏荣
	139	四大家族史话	江绍贞	
	140	汪伪政权史话	闻少华	
	141	伪满洲国史话	齐福霖	

系列名	序号	书名	作者
近代经济生活系列（17种）	142	人口史话	姜涛
	143	禁烟史话	王宏斌
	144	海关史话	陈霞飞　蔡渭洲
	145	铁路史话	龚云
	146	矿业史话	纪辛
	147	航运史话	张后铨
	148	邮政史话	修晓波
	149	金融史话	陈争平
	150	通货膨胀史话	郑起东
	151	外债史话	陈争平
	152	商会史话	虞和平
	153	农业改进史话	章楷
	154	民族工业发展史话	徐建生
	155	灾荒史话	刘仰东　夏明方
	156	流民史话	池子华
	157	秘密社会史话	刘才赋
	158	旗人史话	刘小萌
近代中外关系系列（13种）	159	西洋器物传入中国史话	隋元芬
	160	中外不平等条约史话	李育民
	161	开埠史话	杜语
	162	教案史话	夏春涛
	163	中英关系史话	孙庆

系列名	序号	书名	作者
近代中外关系系列（13种）	164	中法关系史话	葛夫平
	165	中德关系史话	杜继东
	166	中日关系史话	王建朗
	167	中美关系史话	陶文钊
	168	中俄关系史话	薛衔天
	169	中苏关系史话	黄纪莲
	170	华侨史话	陈 民　任贵祥
	171	华工史话	董丛林
近代精神文化系列（18种）	172	政治思想史话	朱志敏
	173	伦理道德史话	马 勇
	174	启蒙思潮史话	彭平一
	175	三民主义史话	贺 渊
	176	社会主义思潮史话	张 武　张艳国　喻承久
	177	无政府主义思潮史话	汤庭芬
	178	教育史话	朱从兵
	179	大学史话	金以林
	180	留学史话	刘志强　张学继
	181	法制史话	李 力
	182	报刊史话	李仲明
	183	出版史话	刘俐娜
	184	科学技术史话	姜 超

系列名	序号	书名	作者
近代精神文化系列（18种）	185	翻译史话	王晓丹
	186	美术史话	龚产兴
	187	音乐史话	梁茂春
	188	电影史话	孙立峰
	189	话剧史话	梁淑安
近代区域文化系列（二种）	190	北京史话	果鸿孝
	191	上海史话	马学强　宋钻友
	192	天津史话	罗澍伟
	193	广州史话	张　苹　张　磊
	194	武汉史话	皮明庥　郑自来
	195	重庆史话	隗瀛涛　沈松平
	196	新疆史话	王建民
	197	西藏史话	徐志民
	198	香港史话	刘蜀永
	199	澳门史话	邓开颂　陆晓敏　杨仁飞
	200	台湾史话	程朝云